T0294336

МОЛИТВОСЛОВЪ

Изданіе второе дополненное
Тисненіе третіе

Изданіе Свято-Троицкаго монастыря
Джорданвилль, Н. I.
2005 г.

Напечатано
по благословенію
Высокопреосвященнаго ЛАВРА,
Митрополита Восточно-Американскаго
и Нью-Іоркскаго

ISBN 978-0-88465-093-5

Святая Троица

Молитвы утреннія.

Воставъ отъ сна, прежде всякаго другаго дѣла, стани благоговѣйно, представляя себе предъ Всевидящимъ Богомъ, и, сотворивъ крестное знаменіе, глаголи:

Во имя Отца, и Сына, и Святаго Духа. Аминь.

Посемъ мало помедли, дондеже вся чувствія твоя утишатся и мысли твоя оставятъ вся земная: и тогда сотвори три поклоны, глаголя:

Молитва мытаря:

Боже, милостивъ буди мнѣ грѣшному.

Молитва начинательная:

Господи Іисусе Христе, Сыне Божій, молитвъ ради Пречистыя Твоея Матере и всѣхъ святыхъ, помилуй насъ. Аминь.

Слава Тебѣ, Боже нашъ, слава Тебѣ.

Царю Небесный, Утѣшителю, Душе истины, Иже вездѣ сый и вся исполняяй, Сокровище благихъ и жизни Подателю, пріиди и вселися въ ны, и очисти ны отъ всякія скверны, и спаси, Блаже, души нашя *).

Святый Боже, Святый крѣпкій, Святый безсмертный, помилуй насъ *(трижды)*

Слава Отцу, и Сыну, и Святому Духу, и нынѣ и присно, и во вѣки вѣковъ. Аминь.

Пресвятая Троице, помилуй насъ: Господи, очисти грѣхи нашя: Владыко,

*) Отъ начала Св. Пасхи и до Вознесенія, вмѣсто Царю Небесный читается Христосъ воскресе, трижды. Отъ Вознесенія до Троицы, начало молитвъ бываетъ отъ Святый Боже:.

прости беззаконія наша: Святый, посѣти и исцѣли немощи нашя, имене Твоего ради.

Господи, помилуй *(трижды)*.

Слава Отцу, и Сыну, и Святому Духу, и нынѣ и присно, и во вѣки вѣковъ. Аминь.

Отче нашъ, Иже еси на небесѣхъ! да святится имя Твое, да пріидетъ Царствіе Твое: да будетъ воля Твоя, яко на небеси и на земли. Хлѣбъ нашъ насущный даждь намъ днесь: и остави намъ долги нашя, якоже и мы оставляемъ должникомъ нашымъ: и не введи насъ во искушеніе, но избави насъ отъ лукаваго.

Тропари Троичны:

Воставше отъ сна, припадаемъ Ти, Блаже, и ангельскую пѣснь вопіемъ Ти, Сильне: святъ, святъ, святъ еси, Боже, Богородицею помилуй насъ.

Слава Отцу, и Сыну, и Святому Духу:

Отъ одра и сна воздвиглъ мя еси, Господи, умъ мой просвѣти и сердце, и устнѣ мои отверзи, во еже пѣти Тя, Святая Троице: святъ, святъ, святъ еси, Боже, Богородицею помилуй насъ.

И нынѣ и присно и во вѣки вѣковъ, аминь.

Внезапу Судія пріидетъ, и коегождо дѣянія обнажатся, но страхомъ зовемъ въ полунощи: святъ, святъ, святъ еси, Боже, Богородицею помилуй насъ.

Господи, помилуй *(12)*.

Молитва:

Отъ сна воставъ, благодарю Тя, Святая Троице, яко многія ради Твоея благости и долготерпѣнія не прогнѣвался еси на мя лѣниваго и грѣшнаго, ниже погубилъ мя еси со беззаконьми моими: но человѣколюбствовалъ еси обычно, и въ нечаяніи лежащаго воздвиглъ мя еси, во еже утреневати и славословити державу Твою. И нынѣ просвѣти мои очи мысленныя, отверзи моя уста поучатися словесемъ Твоимъ, и разумѣти заповѣди Твоя, и творити волю Твою, и пѣти Тя во исповѣданіи сердечнѣмъ, и воспѣвати всесвятое имя Твое, Отца, и Сына, и Святаго Духа, нынѣ и присно, и во вѣки вѣковъ, аминь.

Пріидите, поклонимся Цареви нашему Богу.

Пріидите, поклонимся и припадемъ Христу, Цареви нашему Богу.

Пріидите, поклонимся и припадемъ Самому Христу, Цареви и Богу нашему.

Псаломъ 50.

Помилуй мя, Боже, по велицѣй милости Твоей и по множеству щедротъ Твоихъ очисти беззаконіе мое. Наипаче омый мя отъ беззаконія моего, и отъ грѣха моего очисти мя: яко беззаконіе мое азъ знаю, и грѣхъ мой предо мною есть выну. Тебѣ единому согрѣшихъ и лукавое предъ Тобою сотворихъ: яко да оправдишися во словесѣхъ Твоихъ, и побѣдиши внегда судити Ти. Се бо, въ беззаконіихъ зачатъ есмь и во грѣсѣхъ роди мя мати моя. Се бо, истину возлюбилъ еси: безвѣстная и тайная премудрости Твоея явилъ ми еси. Окропиши мя ѵссопомъ, и очищуся: омыеши мя, и паче снѣга убѣлюся. Слуху моему даси радость и веселіе: возрадуются кости смиренныя. Отврати лице Твое отъ грѣхъ моихъ и вся беззаконія моя очисти. Сердце чисто созижди во мнѣ, Боже, и духъ правъ обнови во утробѣ моей. Не отвержи мене отъ лица Твоего, и Духа Твоего Святаго не отъими отъ мене. Воздаждь ми радость спасенія Твоего и Духомъ Владычнимъ утверди мя. Научу беззаконныя путемъ Твоимъ, и нечестивіи къ Тебѣ обратятся. Избави мя отъ кровей, Боже, Боже спасенія моего: возрадуется языкъ мой правдѣ Твоей. Господи, устнѣ мои отверзеши, и уста моя возвѣстятъ хвалу Твою. Яко аще бы восхотѣлъ еси жертвы, далъ быхъ убо: всесожженія не благоволиши. Жертва Богу духъ сокрушенъ:

сердце сокрушенно и смиренно Богъ не уничижитъ. Ублажи, Господи, благоволеніемъ Твоимъ Сіона, и да созиждутся стѣны Іерусалимскія. Тогда благоволиши жертву правды, возношенія и всесожегаемая: тогда возложатъ на олтарь Твой тельцы.

Сѵмволъ Православной Вѣры.

Вѣрую во единаго Бога Отца, Вседержителя, Творца небу и земли, видимымъ же всѣмъ и невидимымъ. И во единаго Господа Іисуса Христа, Сына Божія, Единороднаго, Иже отъ Отца рожденнаго прежде всѣхъ вѣкъ: Свѣта отъ Свѣта, Бога истинна отъ Бога истинна, рожденна, несотворенна, единосущна Отцу, Имже вся быша. Насъ ради человѣкъ и нашего ради спасенія сшедшаго съ небесъ и воплотившагося отъ Духа Свята и Маріи Дѣвы, и вочеловѣчшася. Распятаго же за ны при Понтійстѣмъ Пилатѣ, и страдавша, и погребенна. И воскресшаго въ третій день, по писаніемъ. И возшедшаго на небеса, и сѣдяща одесную Отца. И паки грядущаго со славою судити живымъ и мертвымъ, Егоже Царствію не будетъ конца. И въ Духа Святаго, Господа, животворящаго, Иже отъ Отца исходящаго, Иже со Отцемъ и Сыномъ спокланяема и сславима, глаголавшаго пророки. Во едину святую, соборную и Апостольскую Церковь. Исповѣдую едино крещеніе во оставленіе грѣховъ. Чаю воскресенія мертвыхъ: И жизни будущаго вѣка. Аминь

Молитва 1-я, св. Макарія Великаго:

Боже, очисти мя грѣшнаго, яко николиже сотворихъ благое предъ Тобою: но избави мя отъ лукаваго и да будетъ во мнѣ воля Твоя: да неосужденно отверзу уста моя недостойная и восхвалю имя Твое Святое, Отца, и Сына, и Святаго Духа, нынѣ и присно, и во вѣки вѣковъ, аминь.

Молитва 2-я, тогожде святаго:

Отъ сна воставъ, полунощную пѣснь приношу Ти, Спасе, и припадая вопію

Ти: не даждь ми уснути во грѣховнѣй смерти, но ущедри мя, распныйся волею, и лежащаго мя въ лѣности ускоривъ возстави и спаси мя въ предстоянiи и молитвѣ: и по снѣ нощнѣмъ возсiяй ми день безгрѣшенъ, Христе Боже, и спаси мя.

Молитва 3-я, тогожде святаго:

Къ Тебѣ, Владыко Человѣколюбче, отъ сна воставъ прибѣгаю, и на дѣла Твоя подвизаюся милосердiемъ Твоимъ, молюся Тебѣ: помози мнѣ на всякое время, во всякой вещи, и избави мя отъ всякiя мiрскiя злыя вещи и дiавольскаго поспѣшенiя, и спаси мя, и введи въ Царство Твое вѣчное. Ты бо еси мой Сотворитель и всякому благу Промысленникъ и Податель, о Тебѣ же все упованiе мое, и Тебѣ славу возсылаю, нынѣ и присно, и во вѣки вѣковъ, аминь.

Молитва 4-я, тогожде святаго:

Господи, иже многою Твоею благостiю и великими щедротами Твоими даль еси мнѣ рабу Твоему мимошедшее время нощи сея безъ напасти прейти отъ всякаго зла противна: Ты Самъ, Владыко, всяческихъ Творче, сподоби мя истиннымъ Твоимъ свѣтомъ и просвѣщеннымъ сердцемъ творити волю Твою, нынѣ и присно и во вѣки вѣковъ, аминь.

Молитва 5-я, святаго Василія Великаго:

Господи Вседержителю, Боже силъ и всякія плоти, въ вышнихъ живый и на смиренныя призираяй, сердца же и утробы испытуяй и сокровенная человѣковъ явѣ предвѣдый, Безначальный и Присносущный Свѣте, у Негоже нѣсть премѣненіе, или преложенія осѣненіе: Самъ, Безсмертный Царю, пріими моленія наша, яже въ настоящее время, на множество Твоихъ щедротъ дерзающе, отъ сквернныхъ къ Тебѣ устенъ творимъ, и остави намъ прегрѣшенія наша, яже дѣломъ, и словомъ и мыслію, вѣдѣніемъ, или невѣдѣніемъ согрѣшенная нами: и очисти ны отъ всякія скверны плоти и духа. И даруй намъ бодреннымъ сердцемъ и трезвенною мыслію всю настоящаго житія нощь прейти, ожидающымъ пришествія свѣтлаго и явленнаго дне Единароднаго Твоего Сына, Господа и Бога и Спаса нашего Іисуса Христа, въ оньже со славою Судія всѣхъ пріидетъ, комуждо воздати по дѣломъ его: да не падше и облѣнившеся, но бодрствующе и воздвижени въ дѣланіе, обрящемся готови, въ радость и Божественный чертогъ славы Его совнидемъ, идѣже празднующихъ гласъ непрестанный и неизреченная сладость зрящихъ Твоего лица доброту неизреченную. Ты бо еси истинный Свѣтъ, просвѣщаяй и освящаяй всяческая, и Тя поетъ вся тварь во вѣки вѣковъ, аминь.

Молитва 6-я, тогожде святаго Василія:

Тя благословимъ, вышній Боже, и Господи милости, творящаго присно съ нами великая же и неизслѣдованная,

славная же и ужасная, ихже нѣсть чи-
сла, подавшаго намъ сонъ во упокое-
ніе немощи нашея, и ослабленіе трудовъ
многотрудныя плоти. Благодаримъ Тя,
яко не погубилъ еси насъ со беззакон-
ньми нашими, но человѣколюбствовалъ
еси обычно, и въ нечаяніи лежащыя
ны воздвиглъ еси, во еже славословити
державу Твою. Тѣмже молимъ безмѣр-
ную Твою благость: просвѣти наша мы-
сли и очеса, и умъ нашъ отъ тяжкаго
сна лѣности возстави, отверзи наша
уста, и исполни я твоего хваленія, яко
да возможемъ непоколеблемо пѣти же
и исповѣдатися Тебѣ, во всѣхъ и отъ
всѣхъ славимому Богу, безначальному
Отцу, со единороднымъ Твоимъ Сыномъ,
и всесвятымъ, и благимъ и животворя-
щимъ Твоимъ Духомъ, нынѣ и присно,
и во вѣки вѣковъ. Аминь.

Молитва 7-я, ко Пресвятѣй Богородицѣ:

Воспѣваю благодать Твою, Владычице,
молю Тя, умъ мой облагодати. Ступа-

ти право мя настави, путю Христо-
выхъ заповѣдей. Бдѣти къ пѣсни укрѣ-
пи, унынія сонъ отгоняющи. Связана пле-
ницами грѣхопаденій мольбами Твоими
разрѣши, Богоневѣсто. Въ нощи мя и
во дни сохраняй, борющихъ врагъ из-
бавляющи мя. Жизнодателя Бога рожд-
шая, умерщвлена мя страстьми оживи.
Яже Свѣтъ невечерній рождшая, душу
мою ослѣпшую просвѣти. О дивная Вла-
дычня палато, домъ Духа Божественна
мене сотвори. Врача рождшая, уврачуй
души моея многолѣтныя страсти. Вол-
нующася житейскою бурею, ко стези
мя покаянія направи. Избави мя огня
вѣчнующаго, и червія же злаго, и тар-
тара. Да мя не явиши бѣсомъ радованіе,
иже многимъ грѣхомъ повинника. Нова
сотвори мя обетшавшаго нечувственны-
ми, Пренепорочная, согрѣшеніи. Стран-
на муки всякія покажи мя, и всѣхъ
Владыку умоли. Небесная ми улучити
веселія со всѣми святыми сподоби. Пре-
святая Дѣво, услыши гласъ непотреб-

наго раба твоего. Струю давай мнѣ слезамъ, Пречистая, души моея скверну очищающи. Стенанія отъ сердца приношу Ти непрестанно, усердствуй Владычице. Молебную службу мою пріими, и Богу благоутробному принеси. Превышшая ангелъ, мірскаго мя превышша слитія сотвори. Свѣтоносная сѣне небесная, духовную благодать во мнѣ направи. Руцѣ воздѣю и устнѣ къ похваленію осквернены скверною, Всенепорочная. Душетлѣнныхъ мя пакостей избави, Христа прилѣжно умоляющи: Емуже честь и поклоненіе подобаетъ, нынѣ и присно, и во вѣки вѣковъ, аминь.

Молитва 8-я, ко Господу нашему Іисусу Христу:

Многомилостиве и всемилостиве Боже мой, Господи Іисусе Христе, многія ради любве сшелъ и воплотился еси, яко да спасеши всѣхъ: и паки, Спасе, спаси мя по благодати, молю Тя. Аще бо отъ дѣлъ спасеши мя, нѣсть се благодать и даръ, но долгъ паче. Ей, многій въ щедротахъ, и неизреченный въ милости! Вѣруяй бо въ Мя, реклъ еси, о Христе мой, живъ будетъ, и не узритъ смерти во вѣки. Аще убо вѣра, яже въ Тя, спасаетъ отчаянныя, се вѣрую, спаси мя, яко Богъ мой еси Ты и Создатель. Вѣра же вмѣсто дѣлъ да вмѣнится мнѣ, Боже мой: не обрящеши бо дѣлъ отнюдъ оправдающихъ мя. Но та вѣра моя да довлѣетъ вмѣсто всѣхъ, та да отвѣщаетъ, та да оправдитъ мя, та да покажетъ мя причастника славы Твоея вѣчныя, да не убо похититъ мя сатана, и похвалится, Слове, еже отторгнути мя отъ Твоея руки и ограды. Но или хощу, спаси мя, или не хощу, Христе Спасе мой, предвари скоро, скоро, погибохъ: Ты бо еси Богъ мой отъ чрева матере моея. Сподоби мя, Господи, нынѣ возлюбити Тя, якоже возлюбихъ иногда той самый грѣхъ, и паки поработати Тебѣ безъ лѣности тощно, якоже поработахъ прежде сатанѣ льстивому. Наипаче же поработаю Тебѣ, Господу и Богу моему Іисусу Христу, во вся дни живота моего, нынѣ и присно, и во вѣки вѣковъ, аминь.

Молитва 9-я, ко св. Ангелу Хранителю:

Святый Ангеле, предстояй окаяннѣй моей души и страстнѣй моей жизни, не остави мене грѣшнаго, ниже отступи отъ мене за невоздержаніе мое: не даждь мѣста лукавому демону обладати мною насильствомъ смертнаго сего тѣлесе: укрѣпи бѣдствующую и худую мою руку и настави мя на путь спасенія. Ей, святый Ангеле Божій, хранителю и покровителю окаянныя моея души и тѣла, вся мнѣ прости, еликими тя оскорбихъ во вся дни живота моего, и аще что согрѣшихъ въ прешедшую нощь сію, покрый мя въ настоящій день, и сохрани мя отъ всякаго искушенія противнаго, да ни въ коемъ грѣсѣ прогнѣваю Бога: и молися за мя ко Господу, да утвердитъ мя въ страсѣ Своемъ, и достойна покажетъ мя раба Своея благости, аминь.

Молитва 10-я, ко Пресвятѣй Богородицѣ:

Пресвятая Владычице моя Богородице, святыми Твоими и всесильными мольбами отжени отъ мене смиреннаго и окаяннаго раба Твоего уныніе, забвеніе, неразуміе, нерадѣніе, и вся скверная, лукавая и хульная помышленія отъ окаяннаго моего сердца и отъ помраченнаго ума моего: и погаси пламень страстей моихъ, яко нищь есмь и окаяненъ, и избави мя отъ многихъ и лютыхъ воспоминаній и предпріятій, и отъ всѣхъ дѣйствъ злыхъ свободи мя: яко благословенна еси отъ всѣхъ родовъ, и славится пречестное имя Твое во вѣки вѣковъ, аминь.

Молитва о спасеніи Россіи.

Господи, Іисусе Христе, Боже нашъ, прости беззаконія наши. Молитвами Пречистыя Твоея Матери, спаси страждущія Россійскія люди отъ ига безбожныя власти. Аминь.

Призываніе молитвенное Святаго, егоже имя носиши:

Моли Бога о мнѣ, святый угодниче Божій *(имя)*, яко азъ усердно къ тебѣ прибѣгаю, скорому помощнику и молитвеннику о душѣ моей.

Пѣснь Пресвятѣй Богородицѣ:

Богородице Дѣво, радуйся, Благодатная Маріе, Господь съ Тобою: благословенна Ты въ женахъ и благословенъ Плодъ чрева Твоего, яко Спаса родила еси душъ нашихъ.

Тропарь креста и молитва за отечество:

Спаси, Господи, люди Твоя и благослови достояніе Твое, побѣды православнымъ христіаномъ на сопротивныя даруя, и Твое сохраняя крестомъ Твоимъ жительство.

Молитва послѣднихъ Оптинскихъ старцевъ *):

Господи, дай мнѣ съ душевнымъ

---

*) Нижеслѣдующія двѣ молитвы не входятъ въ составъ утреннихъ молитвъ но помѣщаются здѣсь для благочестиваго употребленія произволяющихъ.

спокойствіемъ встрѣтить все, что принесетъ мнѣ наступающій день. Дай мнѣ всецѣло предаться волѣ Твоей святой. На всякій часъ сего дня во всемъ наставь и поддержи меня. Какія бы я ни получалъ извѣстія въ теченіе дня, научи меня принять ихъ со спокойной душой и твердымъ убѣжденіемъ, что на все святая воля Твоя.

Во всѣхъ словахъ и дѣлахъ моихъ руководи моими мыслями и чувствами. Во всѣхъ непредвидѣнныхъ случаяхъ не дай мнѣ забыть, что все ниспослано Тобой.

Научи меня прямо и разумно дѣйствовать съ каждымъ членомъ семьи моей, никого не смущая и не огорчая.

Господи, дай мнѣ силу перенести утомленіе наступающаго дня и всѣ событія въ теченіе дня. Руководи моею волею и научи меня молиться, вѣрить, надѣяться, терпѣть, прощать и любить. Аминь.

Молитва іеросхимонаха Парѳенія Кіевскаго:

Господи Іисусе Христе, Сыне Божій, не попусти, чтобы суетность, самолюбіе, чувственность, нерадѣніе, гнѣвъ господствовали надо мною и похищали меня у любви Твоей... О, Господи, Создатель мой, все Упованіе мое! не остави меня безъ удѣла въ блаженной вѣчности; содѣлай, да и я послѣдую святому примѣру Твоему, буду покоренъ властямъ, надо мною поставленнымъ; даруй мнѣ сію чистоту духа, сію простоту сердца, которыя дѣлаютъ насъ достойными любви Твоей.

Къ Тебѣ, о, Боже мой, возношу душу и сердце мое: не попусти погибнуть созданію Твоему, но избавь меня отъ единственнаго и величайшаго зла: грѣха. Содѣлай, Господи, да переношу съ такимъ же терпѣніемъ безпокойства и скорби душевныя, съ какою радостію пріемлю удовольствія сердечныя. Если Ты хочешь, Господи, — можешь очистить и освятить меня. Се предаю себя Твоей благости, прося истребить изъ меня все противное Тебѣ и присоединить къ сонму избранныхъ Твоихъ.

Господи! отыми отъ меня праздность духа, погубляющую время; суетность мыслей, мѣшающую Твоему присутствію и развлекающую вниманіе мое въ молитвѣ; если же, молясь, я уклоняюсь отъ Тебя моими помыслами, то помоги мнѣ, дабы сіе развлеченіе было не произвольно, и, отвращая умъ, да не отвращу сердце отъ Тебя.

Исповѣдую Тебѣ, Господу Богу моему, всѣ грѣхи моего беззаконія, нынѣ и прежде содѣланные предъ Тобою: отпусти мнѣ ихъ ради имени Твоего святаго и спаси душу мою, которую Ты искупилъ драгоцѣнною Кровію Твоею. Вручаю себя милосердію Твоему, предаюсь въ волю Твою, твори со мною по благости Твоей, а не по злобѣ и беззаконію моему. Научи меня, Господи, располагать дѣла свои такъ, чтобы они споспѣшествовали къ прославленію имени Твоего Святаго.

Умилосердись, Господи, о всѣхъ христіанахъ; услыши желаніе всѣхъ вопіющихъ къ Тебѣ, избави отъ всякаго зла, спаси рабовъ Твоихъ *(имена)* пошли имъ отраду, утѣшеніе въ скорбяхъ и милость Твою святую. Господи! молю Тебя особенно о тѣхъ, которые меня чѣмъ либо обидѣли и опечалили или какое либо зло сдѣлали: не наказывай ихъ меня-ради грѣшнаго, но пролей на нихъ благость Твою...

Господи, молю Тебя о всѣхъ, которыхъ я, грѣшный, опечалилъ, обидѣлъ или соблазнилъ словомъ, дѣломъ, помышленіемъ, вѣдѣніемъ и невѣдѣніемъ. Господи Боже! отпусти намъ наши взаимныя оскорбленія; изжени, Господи, изъ сердецъ нашихъ всякое негодованіе, подозрѣніе, гнѣвъ, памятозлобіе, ссоры и все то, что можетъ препятствовать любви и уменьшать братолюбіе.

Помилуй, Господи, тѣхъ, которые по-
ручили мнѣ, грѣшному, недостойному,
молиться о нихъ! — Помилуй, Госпо-
ди, всякаго просящаго Твоей помощи.
Господи! сотвори сей день днемъ ми-
лосердія Твоего, подай каждому по
прошенію его; буди пастыремъ заблуд-
шихъ, вождемъ и свѣтомъ невѣдущихъ,
наставникомъ немудрыхъ, отцомъ си-
рыхъ, помощникомъ угнетенныхъ, вра-
чемъ больныхъ, утѣшителемъ умираю-
щихъ, и приведи насъ всѣхъ къ желан-
ному концу — къ Тебѣ, Пристанищу
нашему и блаженному Упокоенію.
Аминь.

*Посемъ кратко принеси молитву о
здравіи и спасеніи отца твоего духов-
наго, родителей твоихъ, сродниковъ,
начальниковъ, благодѣтелей, знаемыхъ
тебѣ, болящихъ, или находящихся въ
печали.*

*Аще же можеши, читай сей помян-
никъ:*

О живыхъ:

Помяни, Господи Іисусе Христе, Боже нашъ, милости и щедроты Твоя отъ вѣка сущыя, ихже ради и вочеловѣчился еси и распятіе и смерть, спасенія ради право въ Тя вѣрующихъ, претерпѣти изволилъ еси: и воскресъ изъ мертвыхъ, вознеслся еси на небеса и сѣдиши одесную Бога Отца, и призираеши на смиренныя мольбы всѣмъ сердцемъ призывающихъ Тя: приклони ухо Твое, и услыши смиренное моленіе мене, непотребнаго раба Твоего, въ воню благоуханія духовнаго, Тебѣ за вся люди Твоя приносящаго. И въ первыхъ помяни Церковь Твою Святую, Соборную и Апостольскую, юже снабдѣлъ еси честною Твоею Кровію, и утверди, и укрѣпи, и разшири, умножи, умири, и непреобориму адовыми враты во вѣки сохрани: раздиранія церквей утиши, шатанія языческая угаси, и ересей востаніе скоро разори и искорени, и въ ничтоже силою Святаго Твоего Духа обрати. *Поклонъ.*

Спаси, Господи, и помилуй страну нашу Россійскую и православныя люди ея во отечествѣ и въ разсѣяніи сущыя, страну сію и власти ея. *Поклонъ.*

Спаси, Господи, и помилуй святѣйшія восточныя патріархи православныя, преосвященныя митрополиты, архіепископы и епископы православныя, и весь священническій и монашескій чинъ и весь причетъ церковный, яже поставилъ еси пасти словесное Твое стадо, и молитвами ихъ помилуй и спаси мя грѣшнаго.

Поклонъ.

Спаси, Господи, и помилуй отца моего духовнаго *(имя его)*, и святыми его молитвами прости моя согрѣшенія.

Поклонъ.

Спаси, Господи, и помилуй родители моя *(имена ихъ)*, братію и сестры, и сродники моя по плоти, и вся ближнія рода моего, и други, и даруй имъ мірная Твоя и премірная благая. *Поклонъ.*

Спаси, Господи, и помилуй старцы и юныя, нищыя и сироты и вдовицы, и сущія въ болѣзни и въ печалехъ, бѣдахъ же и скорбехъ, обстояніихъ и плѣненіихъ, темницахъ же и заточеніихъ, изряднѣе же въ гоненіихъ, Тебе ради и Вѣры Православныя, отъ языкъ безбожныхъ, отъ отступникъ и отъ еретиковъ, сущыя рабы Твоя: и помяни я, посѣти, укрѣпи, утѣши, и вскорѣ силою Твоею ослабу, свободу и избаву имъ подаждь. *Поклонъ.*

Спаси, Господи, и помилуй ненавидящыя и обидящыя мя, и творящыя ми напасти, и не остави ихъ погибнути мене ради грѣшнаго. *Поклонъ.*

Отступившыя отъ Православныя Вѣры и погибельными ересьми ослѣпленныя, свѣтомъ Твоего познанія просвѣти и Святѣй Твоей Апостольстѣй Соборнѣй Церкви причти. *Поклонъ.*

О усопшихъ:

Помяни, Господи, отъ житія сего отшедшыя правовѣрныя цари и царицы, благовѣрныя князи и княгини, святѣйшыя патріархи, преосвященныя митрополиты, архіепископы и епископы православныя, во іерейстѣмъ же и въ причтѣ церковнѣмъ, и монашестѣмъ чинѣ Тебѣ послужившыя, и въ вѣчныхъ Твоихъ селеніихъ со святыми упокой. *Поклонъ.*

Помяни, Господи, душы усопшихъ рабовъ Твоихъ, родителей моихъ *(имена ихъ)* и всѣхъ сродниковъ по плоти: и прости ихъ вся согрѣшенія вольная и невольная, даруя имъ Царствіе и причастіе вѣчныхъ Твоихъ благъ и Твоея безконечныя и блаженныя жизни наслажденіе. *Поклонъ.*

Помяни, Господи, и вся въ надежди воскресенія и жизни вѣчныя усопшыя отцы и братію нашу, и сестры, и здѣ лежащыя, и повсюду православныя христіаны, и со святыми Твоими, идѣже присѣщаетъ свѣтъ лица Твоего, всели, и насъ помилуй, яко благъ и Человѣколюбецъ. Аминь. *Поклонъ.*

Подаждь, Господи, оставленіе грѣховъ всѣмъ прежде отшедшымъ въ вѣрѣ и надежди воскресенія, отцемъ, братіямъ и сестрамъ нашымъ, и сотвори имъ вѣчную память *(трижды)*.

Окончаніе молитвъ.

Достойно есть, яко воистинну, блажити Тя Богородицу, присноблаженную и пренепорочную и Матерь Бога нашего. Честнѣйшую херувимъ и славнѣйшую безъ сравненія серафимъ, безъ истлѣнія Бога Слова рождшую, сущую Богородицу Тя величаемъ.

Слава Отцу, и Сыну, и Святому Духу, и нынѣ и присно, и во вѣки вѣковъ. Аминь.

Господи, помилуй *(трижды)*.

Господи, благослови. *И отпустъ.*

Господи Іисусе Христе, Сыне Божій, молитвъ ради Пречистыя Твоея Матере, преподобныхъ и Богоносныхъ отецъ нашихъ и всѣхъ святыхъ, помилуй насъ. Аминь.

Молитвы въ продолженіи дня.

Предъ началомъ всякаго дѣла:

Господи, благослови. *Или:*

Господи Іисусе Христе, Сыне Единородный Безначальнаго Твоего Отца, Ты реклъ еси пречистыми усты Твоими: яко безъ Мене не можете творити ничесоже. Господи мой, Господи, вѣрою объемъ въ души моей и сердцы Тобою реченная, припадаю Твоей благости: помози ми грѣшному сіе дѣло, мною начинаемо, о Тебѣ Самѣмъ совершити, во имя Отца и Сына и Святаго Духа. Аминь.

По окончаніи всякаго дѣла:

Слава Тебѣ, Господи. *Или:*

Исполненіе всѣхъ благихъ Ты еси,

Христе мой, исполни радости и веселія душу мою и спаси мя, яко единъ многомилостивъ.

Предъ ученіемъ:

Царю Небесный, Утѣшителю, Душе истины, Иже вездѣ сый и вся исполняяй, Сокровище благихъ и жизни Подателю, пріиди и вселися въ ны, и очисти ны отъ всякія скверны, и спаси, Блаже, души наша.

Или:

Преблагій Господи! низпосли намъ благодать Духа Твоего Святаго, дарствующаго и укрѣпляющаго душевныя наша силы, дабы внимающе преподаваемому намъ ученію, возрасли мы Тебѣ нашему Создателю во славу, родителемъ же нашымъ на утѣшеніе, Церкви и отечеству на пользу.

Послѣ ученія:

Достойно есть, яко воистину, блажити Тя Богородицу, присноблаженную и пренепорочную и Матерь Бога нашего.

Честнѣйшую херувимъ и славнѣйшую безъ сравненія серафимъ, безъ истлѣнія Бога Слова рождшую, сущую Богородицу Тя величаемъ.

Или:

Благодаримъ Тебе, Создателю, яко сподобилъ еси насъ благодати Твоея, во еже внимати ученію. Благослови нашихъ начальниковъ, родителей и учителей, ведущихъ насъ къ познанію блага, и подаждь намъ силу и крѣпость къ продолженію ученія сего.

Предъ обѣдомъ и ужиномъ:

Отче нашъ, Иже еси на небесѣхъ! да святится имя Твое, да пріидетъ Царствіе Твое: да будетъ воля Твоя, яко на небеси, и на земли. Хлѣбъ нашъ насущный даждь намъ днесь: и остави намъ долги наша, якоже и мы оставляемъ должникомъ нашымъ: и не введи насъ во искушеніе, но избави насъ отъ лукаваго.

Или:

Очи всѣхъ на Тя, Господи, уповаютъ, и Ты даеши имъ пищу во благовремени, отверзаеши Ты щедрую руку Твою и исполняеши всякое животно благоволенія.

Послѣ обѣда и ужина:

Благодаримъ Тя, Христе Боже нашъ, яко насытилъ еси насъ земныхъ Твоихъ благъ: не лиши насъ и Небеснаго Твоего Царствія.

Молитвы на сонъ грядущымъ.

Во имя Отца и Сына и Святаго Духа. Аминь.

Господи Іисусе Христе, Сыне Божій, молитвъ ради Пречистыя Твоея Матере, преподобныхъ и Богоносныхъ отецъ нашихъ и всѣхъ святыхъ, помилуй насъ. Аминь.

Слава Тебѣ, Боже нашъ, слава Тебѣ.

Царю Небесный, Утѣшителю, Душе истины, Иже вездѣ сый и вся исполняяй, Сокровище благихъ и жизни Подателю, пріиди и вселися въ ны, и очисти ны отъ всякія скверны, и спаси, Блаже, души наша.

Святый Боже, Святый крѣпкій, Святый безсмертный, помилуй насъ (*трижды*).

Слава Отцу, и Сыну, и Святому Духу, и нынѣ и присно, и во вѣки вѣковъ. Аминь.

Пресвятая Троице, помилуй насъ: Господи, очисти грѣхи наша: Владыко, прости беззаконія наша: Святый, посѣти и исцѣли немощи наша, имене Твоего ради.

Господи, помилуй *(трижды)*.

Слава Отцу, и Сыну, и Святому Духу, и нынѣ и присно, и во вѣки вѣковъ. Аминь.

Отче нашъ, Иже еси на небесѣхъ! да святится имя Твое, да пріидетъ Царствіе Твое: да будетъ воля Твоя, яко на небеси, и на земли. Хлѣбъ нашъ насущный даждь намъ днесь: и остави намъ долги наша, якоже и мы оставляемъ должникомъ нашымъ: и не введи насъ во искушеніе, но избави насъ отъ лукаваго.

Тропари:

Помилуй насъ, Господи, помилуй насъ: всякаго бо отвѣта недоумѣюще, сію Ти молитву яко Владыцѣ грѣшніи приносимъ: помилуй насъ.

Слава Отцу, и Сыну, и Святому Духу:

Господи, помилуй насъ, на Тя бо уповахомъ: не прогнѣвайся на ны зѣло, ниже помяни беззаконій нашихъ: но призри и нынѣ яко благоутробенъ, и избави ны отъ врагъ нашихъ: Ты бо еси Богъ нашъ, и мы людіе Твои, вси дѣла руку Твоею, и имя Твое призываемъ.

И нынѣ и присно и во вѣки вѣковъ. Аминь.

Милосердія двери отверзи намъ, благословенная Богородице, надѣющіися на Тя да не погибнемъ, но да избавимся Тобою отъ бѣдъ: Ты бо еси спасеніе рода христіанскаго.

Господи, помилуй *(12)*.

Молитва 1-я, святаго Макарія Великаго:

Боже вѣчный и Царю всякаго созданія, сподобивый мя даже въ часъ сей доспѣти, прости ми грѣхи, яже сотворихъ въ сей день дѣломъ, словомъ и помышленіемъ, и очисти, Господи, смиренную мою душу отъ всякія скверны плоти и духа. И даждь ми, Господи, въ нощи сей сонъ прейти въ мирѣ, да воставъ отъ смиреннаго ми ложа, благоугожду пресвятому имени Твоему, во вся дни живота моего, и поперу борющыя мя враги плотскія и безплотныя. И избави мя, Господи, отъ помышленій суетныхъ, оскверняющихъ мя, и похотей лукавыхъ. Яко Твое есть царство, и сила и слава, Отца, и Сына, и Святаго Духа, нынѣ и присно, и во вѣки вѣковъ. Аминь.

Молитва 2-я, святаго Антіоха:

Вседержителю, Слово Отчее, Самъ совершенъ сый, Іисусе Христе, многаго ради милосердія Твоего никогдаже отлучайся мене раба Твоего, но всегда во мнѣ почивай. Іисусе, добрый Пастырю Твоихъ овецъ, не предаждь мене крамолѣ зміинѣ и желанію сатанину не остави мене: яко сѣмя тли во мнѣ есть.

Ты убо, Господи Боже покланяемый, Царю Святый, Іисусе Христе, спяща мя сохрани немерцающимъ свѣтомъ, Духомъ Твоимъ Святымъ, Имже освятилъ еси Твоя ученики. Даждь, Господи, и мнѣ, недостойному рабу Твоему, спасеніе Твое на ложи моемъ: просвѣти умъ мой свѣтомъ разума святаго евангелія Твоего, душу любовію креста Твоего, сердце чистотою словесе Твоего, тѣло мое Твоею страстію безстрастною, мысль мою Твоимъ смиреніемъ сохрани, и воздвигни мя во время подобно на Твое славословіе. Яко препрославленъ еси со безначальнымъ Твоимъ Отцемъ и съ Пресвятымъ Духомъ во вѣки. Аминь.

Молитва 3-я, Святому Духу:

Господи, Царю небесный, Утѣшителю, Душе истины, умилосердися и помилуй мя грѣшнаго раба Твоего, и отпусти ми недостойному, и прости вся, елика Ти согрѣшихъ днесь, яко человѣкъ, паче же и не яко человѣкъ, но

и горѣе скота: вольныя моя грѣхи и
невольныя, вѣдомыя и невѣдомыя: яже
отъ юности и отъ науки злы, и яже
суть отъ нагльства и унынія. Аще име-
немъ Твоимъ кляхся, или похулихъ е
въ помышленіи моемъ: или кого уко-
рихъ, или оклеветахъ кого гнѣвомъ мо-
имъ, или опечалихъ, или о чемъ про-
гнѣвахся, или солгахъ, или безгодно
спахъ: или нищъ пріиде ко мнѣ, и пре-
зрѣхъ его: или брата моего опечалихъ,
или свадихъ, или кого осудихъ: или
развеличахся, или разгордѣхся, или
разгнѣвахся: или стоящу ми на моли-
твѣ, умъ мой о лукавствіи міра сего
подвижеся: или развращеніе помыслихъ:
или объядохся, или опихся, или безъ
ума смѣяхся: или лукавое помыслихъ,
или доброту чуждую видѣвъ, и тою уя-
звенъ быхъ сердцемъ: или неподобная
глаголахъ: или грѣху брата моего по-
смѣяхся, моя же суть безчисленная со-
грѣшенія: или о молитвѣ нерадихъ:
или ино что содѣявъ лукавое, не помню:

та бо вся и больша сихъ содѣяхъ. Помилуй мя, Творче мой, Владыко, унылаго и недостойнаго раба Твоего: и остави ми, и отпусти, и прости мя, яко благъ и человѣколюбецъ: да съ миромъ лягу, усну и почію, блудный, грѣшный и окаянный азъ, и поклонюся, и воспою, и прославлю пречестное имя Твое, со Отцемъ, и единороднымъ Его Сыномъ, нынѣ и присно и во вѣки. Аминь.

Молитва 4-я, святаго Макарія Великаго:

Что Ти принесу? или что Ти воздамъ, великодаровитый безсмертный Царю, щедре и человѣколюбче Господи? яко лѣнящася мене на Твое угожденіе, и ничтоже благо сотворша, привелъ еси на конецъ мимошедшаго дне сего, обращеніе и спасеніе души моей строя. Милостивъ ми буди грѣшному и обнаженному всякаго дѣла блага, возстави падшую мою душу, осквернившуюся въ безмѣрныхъ согрѣшеніихъ: и отъими отъ мене весь помыслъ лукавый видимаго сего житія. Прости моя согрѣшенія, едине безгрѣшне, яже Ти согрѣшихъ въ сей день, вѣдѣніемъ и невѣдѣніемъ, словомъ, и дѣломъ, и помышленіемъ, и всѣми моими чувствы. Ты самъ, покрывая, сохрани мя отъ всякаго сопротивнаго обстоянія Божественною Твоею властію и неизреченнымъ человѣколюбіемъ и силою. Очисти, Боже, очисти множество грѣховъ моихъ. Благоволи, Господи, избавити мя отъ сѣти лукаваго, и спаси страстную мою душу, и осѣни мя свѣтомъ лица Твоего, егда пріидеши во славѣ, и неосужденна нынѣ сномъ уснути сотвори, и безъ мечтанія, и несмущенъ помыслъ раба Твоего соблюди, и всю сатанину дѣтель отжени отъ мене, и просвѣти ми разумныя очи сердечныя, да не усну въ смерть. И посли ми Ангела мирна, хранителя и наставника души и тѣлу моему, да избавить мя отъ врагъ моихъ: да воставъ со одра моего, принесу Ти благодарственныя мольбы. Ей, Господи, услыши мя грѣшнаго и убогаго раба Твоего, изволенiемъ и совѣстiю: даруй ми воставшу словесемъ твоимъ поучитися, и унынiе бѣсовское далече отъ мене отгнано быти сотвори Твоими ангелы: да благословлю имя Твое святое, и прославлю, и славлю пречистую Богородицу Марiю, Юже далъ еси намъ грѣшнымъ заступленiе, и прiими Сiю, молящуюся за ны. Вѣмъ бо, яко подражаетъ Твое человѣколюбiе, и молящися не престаетъ. Тоя заступленiемъ и честнаго Креста знаменiемъ, и всѣхъ святыхъ Твоихъ ради, убогую душу мою соблюди, Iисусе Христе, Боже нашъ: яко святъ еси, и препрославленъ во вѣки. Аминь.

Молитва 5-я:

Господи Боже нашъ, еже согрѣшихъ во дни семъ словомъ, дѣломъ и помышленiемъ, яко благъ и Человѣколюбецъ прости ми. Миренъ сонъ и безмятеженъ даруй ми: Ангела Твоего хранителя посли, покрывающа и соблюдающа мя отъ всякаго зла; яко Ты еси хранитель душамъ и тѣлесемъ нашымъ, и Тебѣ славу возсылаемъ, Отцу, и Сыну, и Святому Духу, нынѣ и присно, и во вѣки вѣковъ. Аминь.

Молитва 6-я:

Господи Боже нашъ, въ Негоже вѣровахомъ, и Егоже имя паче всякаго имене призываемъ, даждь намъ, ко сну отходящимъ, ослабу души и тѣлу, и соблюди насъ отъ всякаго мечтанія, и темныя сласти кромѣ: устави стремленіе страстей, угаси разжженія востанія тѣлеснаго: даждь намъ цѣломудреннѣ пожити дѣлы и словесы: да, добродѣтельное жительство воспріемлюще, обѣтованныхъ не отпадемъ благихъ Твоихъ, яко благословенъ еси во вѣки. Аминь.

Молитва 7-я, святаго Іоанна Златоуста, по числу часовъ дня и нощи:

Господи, не лиши мене небесныхъ Твоихъ благъ. Господи, избави мя вѣчныхъ мукъ. Господи, умомъ ли или помышленіемъ, словомъ или дѣломъ согрѣшихъ, прости мя. Господи, избави мя всякаго невѣдѣнія и забвенія, и малодушія и окамененнаго нечувствія. Господи, избави мя отъ всякаго искушенія. Господи, просвѣти мое сердце, еже помрачи лукавое похотѣніе. Господи, азъ яко человѣкъ согрѣшихъ, Ты же, яко Богъ щедръ, помилуй мя, видя немощь души моея. Господи, посли благодать Твою въ помощь мнѣ, да прославлю имя Твое Святое. Господи Іисусе Христе, напиши мя раба Твоего въ книзѣ животнѣй и даруй ми конецъ благій. Господи Боже мой, аще и ничтоже благо сотворихъ предъ Тобою, но даждь ми по благодати Твоей положити начало благое. Господи, окропи въ сердцы моемъ росу благодати Твоея. Господи небесе и земли, помяни мя грѣшнаго раба Твоего, студнаго и нечистаго, во Царствіи Твоемъ. Аминь.

Господи, въ покаяніи пріими мя. Го

споди, не остави мене. Господи, не введи мене въ напасть. Господи, даждь ми мысль благу. Господи, даждь ми слезы и память смертную и умиленіе. Господи, даждь ми помыслъ исповѣданія грѣховъ моихъ. Господи, даждь ми смиреніе, цѣломудріе и послушаніе. Господи, даждь ми терпѣніе, великодушіе и кротость. Господи, всели въ мя корень благихъ, страхъ Твой въ сердце мое. Господи, сподоби мя любити Тя отъ всея души моея и помышленія и творити во всемъ волю Твою. Господи, покрый мя отъ человѣкъ нѣкоторыхъ, и бѣсовъ, и страстей, и отъ всякія иныя неподобныя вещи. Господи, вѣси, яко твориши, якоже Ты волиши, да будетъ воля Твоя и во мнѣ грѣшнѣмъ, яко благословенъ еси во вѣки. Аминь.

Молитва 8-я, ко Господу нашему Іисусу Христу:

Господи Іисусе Христе, Сыне Божій, ради честнѣйшія Матере Твоея, и безплотныхъ Твоихъ ангелъ, пророка же и

Предтечи и Крестителя Твоего, Бого-
глаголивыхъ же Апостолъ, свѣтлыхъ
и добропобѣдныхъ мученикъ, преподоб-
ныхъ и Богоносныхъ отецъ, и всѣхъ свя-
тыхъ молитвами, избави мя настоящаго
обстоянія бѣсовскаго. Ей, Господи мой
и Творче, не хотяй смерти грѣшнаго,
но якоже обратитися и живу быти ему,
даждь и мнѣ обращеніе окаянному и
недостойному; изми мя отъ устъ пагуб-
наго змія, зіяющаго пожрети мя и све-
сти во адъ жива. Ей, Господи мой, утѣ-
шеніе мое, Иже мене ради окаяннаго,
въ тлѣнную плоть оболкійся, исторгни
мя отъ окаянства, и утѣшеніе подаждь
души моей окаяннѣй. Всади въ сердце
мое творити Твоя повелѣнія, и остави-
ти лукавая дѣянія, и получити блажен-
ства Твоя: на Тя бо, Господи, уповахъ,
спаси мя.

Молитва 9-я, ко Пресвятѣй Богородицѣ:

Благаго Царя благая Мати, Пречи-
стая и Благословенная Богородице Ма-

ріе, милость Сына Твоего и Бога нашего излей на страстную мою душу и
Твоими молитвами настави мя на дѣянія благая, да прочее время живота
моего безъ порока прейду и Тобою рай
да обрящу, Богородице Дѣво, едина чистая и благословенная.

Молитва 10-я, ко святому Ангелу Хранителю:

Ангеле Христовъ, хранителю мой святый и покровителю души и тѣла моего, вся ми прости, елика согрѣшихъ во
днешній день: и отъ всякаго лукавствія
противнаго ми врага избави мя, да ни
въ коемже грѣсѣ прогнѣваю Бога моего: но моли за мя грѣшнаго и недостойнаго раба, яко да достойна мя покажеши благости и милости Всесвятыя
Троицы и Матере Господа моего Іисуса
Христа и всѣхъ святыхъ. Аминь.

Кондакъ Богородицѣ:

Взбранной Воеводѣ побѣдительная,
яко избавльшеся отъ злыхъ, благодарственная восписуемъ Ти раби Твои,

Богородице: но яко имущая державу непобѣдимую, отъ всякихъ насъ бѣдъ свободи, да зовемъ Ти: радуйся, Невѣсто Неневѣстная.

Преславная Приснодѣво, Мати Христа Бога, принеси нашу молитву Сыну Твоему и Богу нашему, да спасетъ Тобою душы нашя.

Все упованіе мое на Тя возлагаю, Мати Божія, сохрани мя подъ кровомъ Твоимъ.

Богородице Дѣво, не презри мене грѣшнаго, требующа Твоея помощи и Твоего заступленія: на Тя бо упова душа моя, и помилуй мя.

Упованіе мое Отецъ, прибѣжище мое Сынъ, покровъ мой Духъ Святый, Троице Святая, слава Тебѣ.

Достойно есть, яко воистину, блажити Тя Богородицу, присноблаженную и пренепорочную и Матерь Бога нашего. Честнѣйшую херувимъ и славнѣйшую безъ сравненія серафимъ, безъ истлѣнія

Бога Слова рождшую, сущую Богородицу Тя величаемъ.

Слава Отцу, и Сыну, и Святому Духу, и нынѣ и присно, и во вѣки вѣковъ. Аминь.

Господи, помилуй *(трижды)*.

Господи, благослови. *И отпустъ:*

Господи Іисусе Христе, Сыне Божій, молитвъ ради Пречистыя Твоея Матере, преподобныхъ и Богоносныхъ отецъ нашихъ и всѣхъ святыхъ, помилуй насъ. Аминь.

Молитва святаго Іоанна Дамаскина,
юже, указуя на одръ твой, глаголи:

Владыко Человѣколюбче, не ужели мнѣ одръ сей гробъ будетъ; или еще окаянную мою душу просвѣтиши днемъ? се ми гробъ предлежитъ, се ми смерть предстоитъ. Суда Твоего, Господи, боюся, и муки безконечныя, злое же творя не престаю: Тебе Господа Бога моего всегда прогнѣвляю, и Пречистую Твою Матерь, и вся небесныя Силы, и святаго Ангела хранителя моего. Вѣмъ убо, Го-

споди, яко недостоинъ есмь человѣко-
любія Твоего, но достоинъ есмь вся-
каго осужденія и муки. Но, Господи,
или хощу, или не хощу, спаси мя. Аще
бо праведника спасеши, ничтоже веліе:
и аще чистаго помилуеши, ничтоже див-
но: достойни бо суть милости Твоея. Но
на мнѣ грѣшнѣмъ удиви милость Твою:
о семъ яви человѣколюбіе Твое, да не
одолѣетъ моя злоба Твоей неизглаго-
ланнѣй благости и милосердію: и якоже
хощеши, устрой о мнѣ вещь.

И тако хотяй возлещи на одрѣ, глаголи сіе:

Просвѣти очи мои, Христе Боже, да
не когда усну въ смерть, да не когда
речетъ врагъ мой: укрѣпихся на него.

Заступникъ души моея буди, Боже,
яко посредѣ хожду сѣтей многихъ; из-
бави мя отъ нихъ, и спаси мя, Блаже,
яко Человѣколюбецъ.

Преславную Божію Матерь, и свя-
тыхъ ангелъ святѣйшую немолчно во-
споимъ, сердцемъ и усты Богородицу

сію исповѣдающе, яко воистинну рождшую намъ Бога воплощенна, и молящуюся непрестанно о душахъ нашихъ.

Таже цѣлуй крестъ твой, и знаменай крестомъ мѣсто твое отъ главы и до ногъ, такожде и отъ всѣхъ странъ, глаголя молитву Честному Кресту:

Да воскреснетъ Богъ, и расточатся врази Его, и да бѣжатъ отъ лица Его ненавидящіи Его: яко исчезаетъ дымъ, да исчезнутъ, яко таетъ воскъ отъ лица огня, тако да погибнутъ бѣси отъ лица любящихъ Бога, и знаменующихся крестнымъ знаменіемъ, и въ веселіи глаголющихъ: радуйся, пречестный и животворящій Кресте Господень, прогоняяй бѣсы силою на тебѣ пропятаго Господа нашего Іисуса Христа, во адъ сшедшаго, и поправшаго силу діаволю, и даровавшаго намъ тебе Крестъ Свой честный, на прогнаніе всякаго супостата. О пречестный и животворящій Кресте Господень, помогай ми со Святою Госпожею Дѣвою Богородицею, и со всѣми святыми во вѣки, аминь.

Или:

Огради мя, Господи, силою честна́го и животворящаго Твоего Креста и сохрани мя отъ всякаго зла.

Таже, вмѣсто прощенія:

Ослаби, остави, прости, Боже, прегрѣшенія наша вольная, и невольная, яже въ словѣ и въ дѣлѣ, яже въ вѣдѣніи и не въ вѣдѣніи, яже во дни и въ нощи, яже въ умѣ и въ помышленіи: вся намъ прости яко Благъ и Человѣколюбецъ.

Молитва:

Ненавидящихъ и обидящихъ насъ прости, Господи Человѣколюбче. Благотворящимъ благосотвори. Братіямъ и сродникомъ нашимъ даруй яже ко спасенію прошенія и жизнь вѣчную: въ немощехъ сущія посѣти, и исцѣленіе даруй. Иже на мори управи. Путешествующимъ спутешествуй. Православнымъ христіаномъ споборствуй. Служащимъ и милующимъ насъ грѣховъ

оставленіе даруй. Заповѣдавшихъ намъ
недостойнымъ молитися о нихъ поми-
луй по велицѣй Твоей милости. Помя-
ни, Господи, прежде усопшихъ отецъ
и братій нашихъ, и упокой ихъ идѣ-
же присѣщаетъ свѣтъ лица Твоего. По-
мяни, Господи, братій нашихъ плѣнен-
ныхъ, и избави я отъ всякаго обстоя-
нія. Помяни, Господи, плодоносящихъ
и добродѣлающихъ во святыхъ Твоихъ
церквахъ, и даждь имъ яже ко спасе-
нію прошенія и жизнь вѣчную. Помяни,
Господи, и насъ смиренныхъ и грѣш-
ныхъ и недостойныхъ рабъ Твоихъ, и
просвѣти нашъ умъ свѣтомъ разума
Твоего, и настави насъ на стезю заповѣ-
дей Твоихъ: молитвами Пречистыя Вла-
дычицы нашея Богородицы и Присно-
дѣвы Маріи, и всѣхъ Твоихъ святыхъ,
яко благословенъ еси во вѣки вѣковъ,
аминь.

Исповѣданіе грѣховъ повседневное:

Исповѣдаю Тебѣ Господу Богу мое-
му и Творцу, во Святѣй Троицѣ еди-

ному, славимому и покланяемому Отцу, и Сыну, и Святому Духу, вся моя грѣхи, яже содѣяхъ во вся дни живота моего, и на всякій часъ, и въ настоящее время, и въ прешедшія дни и нощи, дѣломъ, словомъ, помышленіемъ, объяденіемъ, піянствомъ, тайнояденіемъ, празднословіемъ, уныніемъ, лѣностію, прекословіемъ, непослушаніемъ, оклеветаніемъ, осужденіемъ, небреженіемъ, самолюбіемъ, многостяжаніемъ, хищеніемъ, неправдоглаголаніемъ, сквернопрібытчествомъ, мшелоимствомъ, ревнованіемъ, завистію, гнѣвомъ, памятозлобіемъ, ненавистію, лихоимствомъ и всѣми моими чувствы: зрѣніемъ, слухомъ, обоняніемъ, вкусомъ, осязаніемъ и прочими моими грѣхи, душевными вкупѣ и тѣлесными, имиже Тебе Бога моего и Творца прогнѣвахъ, и ближняго моего онеправдовахъ: о сихъ жалѣя, вина себе Тебѣ Богу моему представляю и имѣю волю каятися: точію Господи Боже мой, помози ми, со слезами сми-

ренно молю Тя: прешедшая же согрѣ-
шенія моя милосердіемъ Твоимъ про-
сти ми, и разрѣши отъ всѣхъ сихъ,
яже изглаголахъ предъ Тобою, яко
Благъ и Человѣколюбецъ.

Егда предаешися сну, глаголи:

Въ руцѣ Твои, Господи Іисусе Христе,
Боже мой, предаю духъ мой. Ты же мя
благослови, Ты мя помилуй и животъ
вѣчный даруй ми. Аминь.

Молитвы и пѣснопѣнія

ИЗЪ ВЕЧЕРНИ, ПОВЕЧЕРІЯ, ПОЛУ-НОЩНИЦЫ, УТРЕНИ И ЧАСОВЪ.

ИЗЪ ВЕЧЕРНИ.

Господи, воззвахъ къ Тебѣ, услыши мя.

Услыши мя, Господи.

Господи, воззвахъ къ Тебѣ, услыши мя: вонми гласу моленія моего, внегда воззвати ми къ Тебѣ.

Услыши мя, Господи.

Да исправится молитва моя, яко кадило предъ Тобою: воздѣяніе руку моею жертва вечерняя.

Услыши мя, Господи.

Вечерняя пѣснь Сыну Божію священномученика Аѳиногена.

Свѣте тихій святыя славы, Безсмертнаго, Отца Небеснаго, Святаго Блаженнаго. Іисусе Христе! Пришедше на западъ солнца, видѣвше свѣтъ вечерній, поемъ Отца, Сына и Святаго Духа, Бога. Достоинъ еси во вся времена пѣтъ быти гласы преподобными, Сыне Божій, животъ даяй, тѣмже міръ Тя славитъ.

Молитва при наступленіи вечера.

Сподоби, Господи, въ вечеръ сей безъ грѣха сохранитися намъ. Благословенъ еси, Господи Боже отецъ нашихъ, и хвально и прославлено имя Твое во вѣки, аминь. Буди, Господи, милость Твоя на насъ, якоже уповахомъ на Тя. Благословенъ еси, Господи, научи мя оправданіемъ Твоимъ. Благословенъ еси, Владыко, вразуми мя оправданіемъ Твоимъ. Благословенъ еси, Святый, просвѣти мя оправданіи Твоими. Господи, милость Твоя во вѣкъ: дѣлъ руку Твоею не презри. Тебѣ подобаетъ хвала, Тебѣ подобаетъ пѣніе. Тебѣ слава подобаетъ, Отцу и Сыну и Святому Духу, нынѣ и присно и во вѣки вѣковъ. Аминь.

Молитва св. Симеона Богопріимца.

Нынѣ отпущаеши раба Твоего, Владыко, по глаголу Твоему съ миромъ; яко видѣста очи мои спасеніе Твое, еже еси уготовалъ предъ лицемъ всѣхъ людей, свѣтъ во откровеніе языковъ, и славу людей Твоихъ Ісраиля.

Тропари.

Богородице Дѣво, радуйся: *(смотри 24 стр.)*.

Крестителю Христовъ, всѣхъ насъ помяни, да избавимся отъ беззаконій нашихъ: тебѣ бо дадеся благодать молитися за ны.

Молите за ны, святіи Апостоли, святіи вси, да избавимся отъ бѣдъ и скорбей: васъ бо теплыя предстатели ко Спасу стяжахомъ.

Подъ Твое благоутробіе прибѣгаемъ, Богородице, моленія наша не презри во обстояніи: но отъ бѣдъ избави ны, едина чистая, едина Благословенная.

ИЗЪ ПОВЕЧЕРІЯ.

Общая молитва полунощницы, часовъ и повечерія.

Иже на всякое время и на всякій часъ, на небеси и на земли покланяемый и славимый, Христе Боже, долготерпѣливе, многомилостиве, многоблагоутробне, Иже праведныя любяй и грѣшныя милуяй, Иже вся зовый ко спасенію, обѣщанія ради будущихъ благъ: Самъ, Господи, пріими и наша въ часъ сей молитвы и исправи животъ нашъ къ заповѣдемъ Твоимъ, души наша освяти, тѣлеса очисти, помышленія исправи, мысли очисти: и избави насъ отъ всякія скорби, золъ и болѣзней: огради насъ святыми Твоими Ангелы, да ополченіемъ ихъ соблюдаеми и наставляеми достигнемъ въ соединеніе вѣры и въ разумъ неприступныя Твоея славы: яко благословенъ еси во вѣки вѣковъ. Аминь.

ИЗЪ ПОЛУНОЩНИЦЫ.
Тропари.

Се, Женихъ грядетъ въ полунощи, и блаженъ рабъ, егоже обрящетъ бдяща: недостоинъ же паки, егоже обрящетъ унывающа. Блюди убо, душе моя, не сномъ отяготися, да не смерти предана будеши, и Царствія внѣ затворишися: но воспряни зовущи: святъ, святъ, святъ еси, Боже, Богородицею, помилуй насъ.

День онъ страшный помышляющи, душе моя, побди, вжигающи свѣщу твою, елеемъ просвѣщающи: не вѣси бо, когда пріидетъ къ тебѣ гласъ глаголющій: се, Женихъ! Блюди убо, душе моя, да не воздремлеши и пребудеши внѣ толкущи, яко пять дѣвъ: но бодренно пожди, да усрящеши Христа елеемъ маститымъ, и дастъ ти чертогъ Божественный славы Своея.

Молитва святаго Мардарія.

Владыко Боже, Отче Вседержителю, Господи Сыне Единородный, Іисусе Христе, и Святый Душе, едино Божество, едина сила, помилуй мя грѣшнаго, и имиже вѣси судбами, спаси мя недостойнаго раба Твоего, яко благословенъ еси во вѣки вѣковъ. Аминь.

Тропари.

Помяни, Господи, яко благъ, рабы Твоя, и елика въ житіи согрѣшиша, прости: никтоже бо безгрѣшенъ, токмо Ты, могій и преставленнымъ дати покой.

Глубиною мудрости человѣколюбно вся строяй и полезное всѣмъ подавалй, едине Содѣтелю, упокой, Господи, души рабъ Твоихъ: на Тя бо упованіе возложиша, Творца и Зиждителя и Бога нашего.

Кондакъ.

Со святыми упокой, Христе, души рабъ Твоихъ (или: раба Твоего), идѣже нѣсть болѣзнь, ни печаль, ни воздыханіе, но жизнь безконечная.

ИЗЪ УТРЕНИ.

Богъ Господь и явися намъ, благословенъ грядый во имя Господне.

Полчелей.

Хвалите имя Господне, хвалите, раби Господа, аллилуіа.

Благословенъ Господь отъ Сіона, живый во Іерусалимѣ, аллилуіа.

Исповѣдайтеся Господеви, яко благъ, яко въ вѣкъ милость Его, аллилуіа.

Исповѣдайтеся Богу Небесному, яко въ вѣкъ милость Его, аллилуіа.

Воскресные тропари.

Благословенъ еси, Господи, научи мя оправданіемъ Твоимъ.

Ангельскій соборъ удивися, зря Тебе въ мертвыхъ вмѣнившася, смертную же, Спасе, крѣпость разоривша, и съ Собою Адама воздвигша, и отъ ада вся свобождша.

Почто мѵра съ милостивными слезами, о, ученицы, растворяете? бластаяйся во гробѣ Ангелъ мѵроносицамъ вѣщаше: видите вы гробъ и уразумѣйте: Спасъ бо воскресе отъ гроба.

Зѣло рано мѵроносицы течаху ко гробу Твоему рыдающыя, но предста къ нимъ Ангелъ и рече: рыданія время преста, не плачите, воскресеніе же Апостоломъ рцыте.

Мѵроносицы жены, съ мѵры пришедшыя ко гробу Твоему, Спасе, рыдаху, Ангелъ же къ нимъ рече, глаголя: что съ мертвыми живаго помышляете? яко Богъ бо воскресе отъ гроба.

Слава Отцу и Сыну и Святому Духу.

Поклонимся Отцу, и Его Сынови, и Святому Духу, Святѣй Троицѣ во единѣмъ существѣ, съ серафимы зовуще: святъ, святъ, святъ еси, Господи.

И нынѣ и присно и во вѣки вѣковъ. Аминь.

Жизнодавца рождши, грѣха, Дѣво,

Адама избавила еси, радость же Евѣ въ печали мѣсто подала еси, падшыя же отъ жизни къ сей направи изъ Тебе воплотивыйся Богъ и человѣкъ.

Аллилуіа, аллилуіа, аллилуіа, слава Тебѣ, Боже *(трижды)*.

Антифоны.

Отъ юности моея мнози борютъ мя страсти: но Самъ мя заступи и спаси, Спасе мой.

Ненавидящіи Сіона, посрамитеся отъ Господа: яко трава бо огнемъ, будете изсохше.

Слава Отцу и Сыну и Святому Духу, и нынѣ и присно и во вѣки вѣковъ, аминь.

Святымъ Духомъ всяка душа живится, и чистотою возвышается, свѣтлѣется Троическимъ единствомъ, священнотайнѣ.

Воскресная пѣснь по Евангеліи.

Воскресеніе Христово видѣвше, поклонимся святому Господу Іисусу, единому безгрѣшному. Кресту Твоему покланяемся, Христе, и святое воскресеніе Твое поемъ и славимъ: Ты бо еси Богъ нашъ, развѣ Тебе иного не знаемъ, имя Твое именуемъ. Пріидите вси вѣрніи, поклонимся святому Христову воскресенію: се бо пріиде крестомъ радость всему міру. Всегда благословяще Господа, поемъ воскресеніе Его: распятіе бо претерпѣвъ, смертію смерть разруши.

Слава Отцу и Сыну и Святому Духу.

Молитвами Апостоловъ, Милостиве, очисти множество согрѣшеній нашихъ.

И нынѣ и присно и во вѣки вѣковъ, аминь.

Молитвами Богородицы, Милостиве, очисти множество согрѣшеній нашихъ.

Помилуй мя, Боже, по велицѣй милости Твоей, и по множеству щедротъ Твоихъ очисти беззаконіе мое.

Воскресъ Іисусъ отъ гроба, якоже прорече, даде намъ животъ вѣчный и велію милость.

Предъ 9-ою пѣснію канона, пѣснь Пресвятыя Богородицы.

Величитъ душа Моя Господа, и возрадовася духъ Мой о Бозѣ Спасѣ Моемъ.

Яко призрѣ на смиреніе рабы Своея, се бо отнынѣ ублажатъ Мя вси роди.

Яко сотвори Мнѣ величіе Сильный, и свято имя Его, и милость Его въ роды родовъ боящымся Его.

Сотвори державу мышцею Своею, расточи гордыя мыслію сердца ихъ.

Низложи сильныя со престолъ и вознесе смиренныя, алчущыя исполни благъ и богатящыяся отпусти тщы.

Воспріятъ Ісраиля отрока Своего, помянути милости, якоже глагола ко отцемъ нашимъ, Аврааму и сѣмени его даже до вѣка.

Зри: *Къ каждому стиху прилагается пѣснь:*

Честнѣйшую херувимъ и славнѣйшую безъ сравненія серафимъ, безъ истлѣнія Бога Слова рождшую, сущую Богородицу Тя величаемъ.

Пѣснь ко Пресвятѣй Богородицѣ.

Преблагословенна еси, Богородице Дѣво, Воплощшимъ бо ся изъ Тебе адъ плѣнися, Адамъ воззвася, клятва потребися, Ева свободися, смерть умертвися, и мы ожихомъ. Тѣмъ воспѣвающе вопіемъ: благословенъ Христосъ Богъ, благоволивый тако, слава Тебѣ.

Славословіе великое.

Слава Тебѣ, показавшему намъ свѣтъ.

Слава въ вышнихъ Богу, и на земли миръ, въ человѣцѣхъ благоволеніе. Хвалимъ Тя, благословимъ Тя, кланяемъ Ти ся, славословимъ Тя, благодаримъ Тя, великія ради славы Твоея. Господи, Царю Небесный, Боже Отче Вседержителю. Господи, Сыне Единородный, Іисусе Христе, и Святый Душе. Господи Боже, Агнче Божій, Сыне Отечь, вземляй грѣхъ міра, помилуй насъ: вземляй грѣхи міра, пріими молитву нашу. Сѣдяй одесную Отца, помилуй насъ. Яко Ты еси единъ святъ, Ты еси единъ

Господь, Іисусъ Христосъ, въ славу Бога Отца. Аминь.

На всякъ день благословлю Тя и восхвалю имя Твое во вѣки и въ вѣкъ вѣка.

Сподоби, Господи, въ день сей безъ грѣха сохранитися намъ. Благословенъ еси, Господи, Боже отецъ нашихъ, и хвально и прославлено имя Твое во вѣки. Аминь.

Буди, Господи, милость Твоя на насъ, якоже уповахомъ на Тя.

Благословенъ еси, Господи, научи мя оправданіемъ Твоимъ *(трижды)*.

Господи, прибѣжище былъ еси намъ въ родъ и родъ. Азъ рѣхъ: Господи, помилуй мя, исцѣли душу мою, яко согрѣшихъ Тебѣ. Господи, къ Тебѣ прибѣгохъ, научи мя творити волю Твою, яко Ты еси Богъ мой, яко у Тебе источникъ живота: во свѣтѣ Твоемъ узримъ свѣтъ. Пробави милость Твою вѣдущымъ Тя. — *Трисвятое.*

Тропари воскресны по славословіи велицѣмъ.

Днесь спасеніе міру бысть, поемъ Воскресшему изъ гроба и Начальнику жизни нашея: разрушивъ бо смертію смерть, побѣду даде намъ и велію милость.

Воскресъ изъ гроба и узы растерзалъ еси ада, разрушилъ еси осужденіе смерти, Господи, вся отъ сѣтей врага избавивый, явивый же Себе Апостоломъ Твоимъ, послалъ еси я на проповѣдь, и тѣми миръ Твой подалъ еси вселеннѣй, едине Многомилостиве.

ИЗЪ ЧАСОВЪ.
Перваго часа.
Тропарь.

Заутра услыши гласъ мой, Царю мой и Боже мой.

Молитва.

Стопы моя направи по словеси Твоему, и да не обладаетъ мною всякое беззаконіе. Избави мя отъ клеветы человѣческія, и сохраню заповѣди Твоя. Лице Твое просвѣти на раба Твоего, и научи мя оправданіемъ Твоимъ.

Да исполнятся уста моя хваленія Твоего, Господи, яко да воспою славу Твою, весь день великолѣпіе Твое.

Кондакъ: Взбранной Воеводѣ побѣдительная: *см. 52 стр.*

Третіяго часа.

Тропарь.

Господи, Иже Пресвятаго Твоего Духа въ третій часъ Апостоломъ Твоимъ низпославый, Того, Благій, не отъими отъ насъ, но обнови насъ молящихъ Ти ся.

Шестаго часа.

Тропарь.

Иже въ шестый день же и часъ, на крестѣ пригвождей въ раи дерзновенный Адамовъ грѣхъ, и согрѣшеній нашихъ рукописаніе раздери, Христе Боже, и спаси насъ.

Девятаго часа.

Тропарь.

Иже въ девятый часъ насъ ради плотію смерть вкусивый, умертви плоти нашея мудрованіе, Христе Боже, и спаси насъ.

Божественная Литургія
святаго Іоанна Златоустаго.

(ДЛЯ КЛИРОСА)

Діаконъ: Благослови, владыко.

Іерей: Благословено Царство Отца и Сына и Святаго Духа, нынѣ и присно и во вѣки вѣковъ.

Ликъ: Аминь.

Ектенія великая.

Діаконъ: Миромъ Господу помолимся.

Ликъ: Господи, помилуй.

Діаконъ: О свышнемъ мирѣ и спасеніи душъ нашихъ, Господу помолимся.

Ликъ: Господи, помилуй.

Діаконъ: О мирѣ всего міра, благостояніи святыхъ Божіихъ церквей и соединеніи всѣхъ, Господу помолимся.

Ликъ: Господи, помилуй.

Діаконъ: О святѣмъ храмѣ семъ и съ вѣрою, благоговѣніемъ и страхомъ Божіимъ входящихъ въ онь, Господу помолимся.

Ликъ: Господи, помилуй.

(Здѣсь вставляются прошенія о духовныхъ и гражданскихъ властяхъ).

Діаконъ: О градѣ семъ (веси, *или* обители сей), всякомъ градѣ, странѣ и вѣрою живущихъ въ нихъ, Господу помолимся.

Ликъ: Господи, помилуй.

Діаконъ: О благораствореніи воздуховъ, о изобиліи плодовъ земныхъ и временѣхъ мирныхъ, Господу помолимся.

Ликъ: Господи, помилуй.

Діаконъ: О плавающихъ, путешествующихъ, недугующихъ, страждущихъ, плѣненныхъ и о спасеніи ихъ, Господу помолимся.

Ликъ: Господи, помилуй.

Діаконъ: О избавитися намъ отъ всякія скорби, гнѣва и нужды, Господу помолимся.

Ликъ: Господи, помилуй.

Діаконъ: Заступи, спаси, помилуй и сохрани насъ, Боже, Твое благодатію.

Ликъ: Господи, помилуй.

Діаконъ: Пресвятую, пречистую, преблагословенную, славную Владычицу нашу Богородицу и Приснодѣву Марію, со всѣми святыми помянувше, сами себе и другъ друга и весь животъ нашъ Христу Богу предадимъ.

Ликъ: Тебѣ, Господи.

Іерей: Яко подобаетъ Тебѣ всякая слава, честь и поклоненіе, Отцу и Сыну и Святому Духу, нынѣ и присно и во вѣки вѣковъ.

Ликъ: Аминь.

Поется первый антифонъ:

Псаломъ 102.

Благослови, душе моя, Господа, и вся внутренняя моя имя святое Его: благо-

слови, душе моя, Господа, и не забывай
всѣхъ воздаяній Его: очищающаго вся
беззаконія твоя, изцѣляющаго вся неду-
ги твоя, избавляющаго отъ истлѣнія жи-
вотъ твой, вѣнчающаго тя милостію и
щедротами, исполняющаго во благихъ
желаніе твое: обновится яко орля юность
твоя. Творяй милостыни Господь, и суд-
бу всѣмъ обидимымъ. Сказа пути Своя
Моисеови, сыновомъ Ісраилевымъ хотѣ-
нія Своя. Щедръ и милостивъ Господь,
дслготерпѣливъ и многомилостивъ. Не
до конца прогнѣвается, ниже во вѣкъ
враждуетъ: не по беззаконіемъ нашымъ
сотворилъ есть намъ, ниже по грѣхомъ
нашымъ воздалъ есть намъ. Яко по вы-
сотѣ небеснѣй отъ земли, утвердилъ есть
Господь милость Свою на боящихся Его:
елико отстоятъ востоцы отъ западъ, уда-
лилъ есть отъ насъ беззаконія наша.
Якоже щедритъ отецъ сыны, ущедри Го-
сподь боящихся Его. Яко Той позна со-
зданіе наше, помяну яко персть есмы.
Человѣкъ, яко трава, дніе его, яко цвѣтъ

сельный, тако оцвѣтетъ: яко духъ пройде въ немъ, и не будетъ, и не познаетъ ктому мѣста своего. Милость же Господня отъ вѣка и до вѣка на боящихся Его: и правда Его на сынѣхъ сыновъ, хранящихъ завѣтъ Его, и помнящихъ заповѣди Его творити я. Господь на небеси уготова престолъ Свой, и царство Его всѣми обладаетъ. Благословите Господа вси Ангели Его, сильніи крѣпостію, творящіи слово Его, услышати гласъ словесъ Его. Благословите Господа вся силы Его, слуги Его, творящіи волю Его. Благословите Господа, вся дѣла Его, на всякомъ мѣстѣ владычества Его: благослови, душе моя, Господа.

Слава Отцу и Сыну и Святому Духу, и нынѣ и присно и во вѣки вѣковъ, аминь.

Въ праздники поются особые антифоны.

Малая ектенія.

Діаконъ: Паки и паки миромъ Господу помолимся.

Лик: Господи, помилуй.

Діаконъ: Заступи, спаси, помилуй и сохрани насъ, Боже, Твоею благодатію.

Лик: Господи, помилуй.

Діаконъ: Пресвятую, пречистую, преблагословенную, славную Владычицу нашу Богородицу и Приснодѣву Марію, со всѣми святыми помянувше, сами себе, и другъ друга, и весь животъ нашъ Христу Богу предадимъ.

Лик: Тебѣ, Господи.

Іерей: Яко Твоя держава, и Твое есть Царство, и сила, и слава, Отца и Сына и Святаго Духа, нынѣ и присно и во вѣки вѣковъ.

Лик: Аминь.

Поется вторый антифонъ:

Псаломъ 145.

Слава Отцу и Сыну и Святому Духу: Хвали, душе моя, Господа: восхвалю Господа въ животѣ моемъ, пою Богу моему, дондеже есмь. Не надѣйтеся на князи, на сыны человѣческія, въ нихже нѣсть спасенія. Изыдетъ духъ его, и возвратится въ землю свою: въ той день погибнутъ вся помышленія его. Блаженъ, емуже Богъ Іаковль Помощникъ его, упованіе его на Господа Бога своего, сотворшаго небо и землю, море, и вся, яже въ нихъ: хранящаго истину въ вѣкъ, творящаго судъ обидимымъ, дающаго пищу алчущымъ. Господь рѣшитъ окованныя: Господь умудряетъ слѣпцы: Господь возводитъ низверженныя: Господь любитъ праведники. Господь хранитъ пришельцы, сира и вдову пріиметъ, и путь грѣшныхъ погубитъ. Воцарится Господь во вѣкъ, Богъ твой, Сіоне, въ родъ и родъ.

И нынѣ и присно и во вѣки вѣковъ, аминь.

Единородный Сыне и Слове Божій, безсмертенъ сый, и изволивый спасенія нашего ради воплотитися отъ Святыя Богородицы и Приснодѣвы Маріи, непреложно вочеловѣчивыйся, распныйся же, Христе Боже, смертію смерть поправый, единъ сый Святыя Троицы, спрославляемый Отцу и Святому Духу, спаси насъ.

Малая ектенія.

Діаконъ: Паки и паки миромъ Господу помолимся.

Ликъ: Господи, помилуй.

Діаконъ: Заступи, спаси, помилуй и сохрани насъ, Боже, Твоею благодатію.

Ликъ: Господи, помилуй.

Діаконъ: Пресвятую, пречистую, преблагословенную, славную Владычицу нашу Богородицу и Приснодѣву Марію, со всѣми святыми помянувше, сами себе, и другъ друга, и весь животъ нашъ Христу Богу предадимъ.

Ликъ: Тебѣ, Господи.

Іерей: Яко благъ и Человѣколюбецъ Богъ еси, и Тебѣ славу возсылаемъ, Отцу и Сыну и Святому Духу, нынѣ и присно и во вѣки вѣковъ.

Ликъ: Аминь.

Здѣ отверзаются святыя двери на малый входъ.

Поется третій антифонъ:

Во Царствіи Твоемъ помяни насъ, Господи, егда пріидеши во Царствіи Твоемъ.

Блажени нищіи духомъ, яко тѣхъ есть Царство Небесное.

Блажени плачущіи, яко тіи утѣшатся.

Блажени кротцыи, яко тіи наслѣдятъ землю.

Блажени алчущіи и жаждущіи правды, яко тіи насытятся.

Блажени милостивіи, яко тіи помиловани будутъ.

Блажени чистіи сердцемъ, яко тіи Бога узрятъ.

Блажени миротворцы, яко тіи сынове Божіи нарекутся.

Блажени изгнани правды ради, яко тѣхъ есть Царство Небесное.

Блажени есте егда поносятъ вамъ, и ижденутъ, и рекутъ всякъ золъ глаголъ на вы лжуще Мене ради.

Радуйтеся и веселитеся, яко мзда ваша многа на небесѣхъ.

Діаконъ: Премудрость, прости.

Ликъ: Пріидите, поклонимся и припадемъ ко Христу. Спаси ны, Сыне Божій, воскресый изъ мертвыхъ (*или:* во святыхъ дивенъ сый, *или:* молитвами Богородицы), поющыя Ти: аллилуія.

Таже поются тропари и кондаки.

Егда же пѣвцы пріидутъ на послѣдній тропарь, глаголетъ діаконъ ко іерею, приклонь вкупѣ и главу, и орарь держа треми персты:

Благослови, Владыко, время трисвятаго.

Іерей же, знаменуя его, глаголетъ:

Іерей: Яко святъ еси, Боже нашъ, и Тебѣ славу возсылаемъ, Отцу и Сыну и Святому Духу, нынѣ и присно.

Скончавшуся же тропарю, приходитъ діаконъ близъ св. дверей, и показуя орdaremъ, первѣе убо ко иконѣ Христовѣ, глаголетъ:

Господи, спаси благочестивыя, и услыши ны.

Ликъ: Господи, спаси благочестивыя, и услыши ны.

Діаконъ: И во вѣки вѣковъ.

Ликъ: Аминь. Святый Боже, Святый крѣпкій, Святый безсмертный, помилуй насъ *(трижды)*. Слава Отцу и Сыну и Святому Духу, нынѣ и присно и во вѣки вѣковъ, аминь. — Святый безсмертный помилуй насъ. Святый Боже, Святый крѣпкій, Святый безсмертный, помилуй насъ.

Во время трисвятой пѣсни священникъ и діаконъ отходятъ къ горнему мѣсту, и затѣмъ діаконъ, пришедъ предъ св. двери, глаголетъ:

Вонмемъ.

Іерей: Миръ всѣмъ.

Чтецъ: И духови твоему.

Діаконъ: Премудрость.

Чтецъ: Прокименъ.

Ликъ поетъ прокименъ.

Діаконъ послѣ прокимна: Премудрость.

*И чтецъ глаголетъ написаніе апо-
стола:* Дѣяній святыхъ Апостолъ чте-
ніе. *Или:* Соборнаго посланія Іаковля,
или Петрова чтеніе. *Или:* Къ римля-
номъ, *или* къ коринѳяномъ, *или* къ га-
латомъ посланія святаго апостола Пав-
ла чтеніе.   *Діаконъ:* Вонмемъ.

*Чтецъ чтетъ Апостолъ. По оконча-
ніи:*

Іерей: Миръ ти.

Чтецъ: И духови твоему.

Діаконъ: Премудрость.

Чтецъ: Аллилуіа.

Ликъ поетъ Аллилуіа.

*Во время Аллилуія, діаконъ, совер-
шивъ кажденіе, пріемля отъ священ-
ника св. Евангеліе, глаголетъ:*

Благослови, владыко, благовѣстителя
святаго Апостола и Евангелиста *(имя
рекъ)*.

Іерей (знаменуя его): Богъ молитва-
ми святаго славнаго, всехвальнаго Апо-
стола и Евангелиста *(имя рекъ)*, да
дастъ тебѣ глаголъ благовѣствующему

силою многою, во исполненіе Евангелія возлюбленнаго Сына Своего Господа нашего Іисуса Христа.

Діаконъ: Аминь.

Іерей: Премудрость, прости, услышимъ святаго Евангелія. Миръ всѣмъ.

Ликъ: И духови твоему.

Діаконъ: Отъ *(имя рекъ)* святаго Евангелія чтеніе.

Ликъ: Слава Тебѣ, Господи, слава Тебѣ.

Іерей: Вонмемъ.

По прочтеніи св. Евангелія:

Ликъ: Слава Тебѣ, Господи, слава Тебѣ.

Діаконъ, отдавъ іерею св. Евангеліе, глаголетъ:

Рцемъ вси отъ всея души, и отъ всего помышленія нашего рцемъ.

Ликъ: Господи, помилуй.

Діаконъ: Господи Вседержителю, Боже отецъ нашихъ, молимъ Ти ся, услыши и помилуй.

Ликъ: Господи, помилуй.

Діаконъ: Помилуй насъ, Боже, по велицѣй милости Твоей, молимъ Ти ся, услыши и помилуй.

Ликъ: Господи, помилуй *(трижды).*

(Здѣсь вставляются прошенія о духовныхъ и гражданскихъ властяхъ).

Діаконъ: Еще молимся о братіяхъ нашихъ священницѣхъ, священномонасѣхъ и всемъ во Христѣ братствѣ нашемъ.

Ликъ: Господи, помилуй *(трижды).*

Діаконъ: Еще молимся о блаженныхъ и приснопамятныхъ святѣйшихъ патріарсѣхъ православныхъ, и благочестивыхъ царѣхъ и благовѣрныхъ царицахъ, и создателѣхъ святаго храма сего, *(или святыя обители сея)*, и о всѣхъ преждепочившихъ отцѣхъ и братіяхъ, здѣ лежащихъ и повсюду православныхъ.

Ликъ: Господи, помилуй *(трижды).*

Діаконъ: Еще молимся о плодоносящихъ и добродѣющихъ во святѣмъ и всечестнѣмъ храмѣ семъ, труждающихся, поющихъ и предстоящихъ людехъ,

ожидающихъ отъ Тебе великія и бога-
тыя милости.

Ликъ: Господи, помилуй *(трижды).*

Іерей: Яко милостивъ и Человѣколю-
бецъ Богъ еси, и Тебѣ славу возсыла-
емъ, Отцу и Сыну и Святому Духу, ны-
нѣ и присно и во вѣки вѣковъ.

Ликъ: Аминь.

*Аще же будетъ о усопшихъ прино-
шеніе, діаконъ или священникъ глаго-
летъ ектенію сію:*

Помилуй насъ, Боже, по велицѣй ми-
лости Твоей, молимъ Ти ся, услыши и
помилуй.

Ликъ: Господи, помилуй *(трижды).*

Еще молимся о упокоеніи душъ усоп-
шихъ рабовъ Божіихъ *(имя рекъ)*, и о
еже проститися имъ всякому прегрѣше-
нію вольному же и невольному.

Ликъ: Господи, помилуй *(трижды).*

Яко да Господь Богъ учинитъ душы
ихъ, идѣже праведніи упокояются.

Ликъ: Господи, помилуй *(трижды).*

Милости Божія, Царства Небеснаго и оставленія грѣховъ ихъ у Христа безсмертнаго Царя и Бога нашего просимъ.

Ликъ: Подай, Господи.

Діаконъ: Господу, помолимся.

Ликъ: Господи, помилуй.

Іерей: Яко Ты еси воскресеніе и животъ и покой усопшихъ рабъ Твоихъ *(имя рекъ)*, Христе Боже нашъ, и Тебѣ славу возсылаемъ, со безначальнымъ Твоимъ Отцемъ и пресвятымъ и благимъ и животворящимъ Твоимъ Духомъ, нынѣ и присно и во вѣки вѣковъ.

Ликъ: Аминь.

Таже ектенію оглашенныхъ.

Діаконъ: Помолитеся, оглашеннíи, Господеви.

Ликъ: Господи, помилуй.

Діаконъ: Вѣрнíи, о оглашенныхъ помолимся, да Господь помилуетъ ихъ.

Ликъ: Господи, помилуй.

Діаконъ: Огласить ихъ словомъ истины.

Ликъ: Господи, помилуй.

Діаконъ: Открыетъ имъ Евангеліе правды.

Ликъ: Господи, помилуй.

Діаконъ: Соединитъ ихъ святѣй Своей соборнѣй и Апостольстѣй Церкви.

Ликъ: Господи, помилуй.

Діаконъ: Спаси, помилуй, заступи и сохрани ихъ, Боже, Твоею благодатію.

Ликъ: Господи, помилуй.

Діаконъ: Оглашенніи, главы вашя Господеви приклоните.

Ликъ: Тебѣ, Господи.

Іерей: Да и тіи съ нами славятъ пречестное и великолѣпое имя Твое Отца и Сына и Святаго Духа, нынѣ и присно и во вѣки вѣковъ.

Ликъ: Аминь.

Діаконъ: Елицы оглашенніи, изыдите, оглашенніи, изыдите, елицы оглашенніи, изыдите. Да никто отъ оглашенныхъ, елицы вѣрніи, паки и паки миромъ Господу помолимся.

Ликъ: Господи, помилуй.

Діаконъ: Заступи, спаси, помилуй и сохрани насъ, Боже, Твоею благодатію.

Ликъ: Господи, помилуй.

Діаконъ: Премудрость.

Іерей: Яко подобаетъ Тебѣ всякая слава, честь и поклоненіе, Отцу и Сыну и Святому Духу, нынѣ и присно и во вѣки вѣковъ.

Ликъ: Аминь.

Діаконъ: Паки и паки миромъ Господу помолимся.

Ликъ: Господи, помилуй.

Діаконъ: О свышнемъ мирѣ и спасеніи душъ нашихъ, Господу помолимся.

Ликъ: Господи, помилуй.

Діаконъ: О мирѣ всего міра, благостояніи святыхъ Божіихъ церквей, и соединеніи всѣхъ, Господу помолимся.

Ликъ: Господи, помилуй.

Діаконъ: О святѣмъ храмѣ семъ и съ вѣрою, благоговѣніемъ и страхомъ Божіимъ входящихъ въ онь, Господу помолимся.

Ликъ: Господи, помилуй.

Діаконъ: О избавитися намъ отъ всякія скорби, гнѣва и нужды, Господу помолимся.

Ликъ: Господи, помилуй.

Діаконъ: Заступи, спаси, помилуй и сохрани насъ, Боже, Твоею благодатію.

Ликъ: Господи, помилуй.

Діаконъ: Премудрость.

Іерей: Яко да подъ державою Твоею всегда храними, Тебѣ славу возсылаемъ, Отцу и Сыну и Святому Духу, нынѣ и присно и во вѣки вѣковъ.

Ликъ: Аминь.

Херувимская пѣснь.

Ликъ: Иже херувимы тайно образующе и животворящей Троицѣ трисвятую пѣснь припѣвающе, всякое нынѣ житейское отложимъ попеченіе.

По входѣ:

Ликъ: Аминь.

Яко да Царя всѣхъ подъимемъ, Ангельскими невидимо дорѵносима чинми. Аллилуіа, аллилуіа, аллилуіа.

Таже ектенія.

Діаконъ: Исполнимъ молитву нашу Господеви.

Ликъ: Господи, помилуй.

Діаконъ: О предложенныхъ честныхъ дарѣхъ, Господу помолимся.

Ликъ: Господи, помилуй.

Діаконъ: О святѣмъ храмѣ семъ и съ вѣрою, благоговѣніемъ и страхомъ Божіимъ входящихъ въ онь, Господу помолимся.

Ликъ: Господи, помилуй.

Діаконъ: О избавитися намъ отъ всякія скорби, гнѣва и нужды, Господу помолимся.

Ликъ: Господи, помилуй.

Діаконъ: Заступи, спаси, помилуй и сохрани насъ, Боже, Твоею благодатію.

Ликъ: Господи, помилуй.

Діаконъ: Дне всего совершенна, свята, мирна и безгрѣшна у Господа просимъ.

Ликъ: Подай, Господи.

Діаконъ: Ангела мирна, вѣрна наставника, хранителя душъ и тѣлесъ нашихъ у Господа просимъ.

Ликъ: Подай, Господи.

Діаконъ: Прощенія и оставленія грѣховъ и прегрѣшеній нашихъ у Господа просимъ.

Ликъ: Подай, Господи.

Діаконъ: Добрыхъ и полезныхъ душамъ нашымъ и мира мірови у Господа просимъ.

Ликъ: Подай, Господи.

Діаконъ: Прочее время живота нашего въ мирѣ и покаяніи скончати у Господа просимъ.

Ликъ: Подай, Господи.

Діаконъ: Христіанскія кончины живота нашего, безболѣзненны, непостыдны, мирны и добраго отвѣта на страшнѣмъ судищи Христовѣ просимъ.

Ликъ: Подай, Господи.

Діаконъ: Пресвятую, пречистую, преблагословенную, славную Владычицу нашу Богородицу и Приснодѣву Марію, со всѣми святыми помянувше, сами себе и другъ друга и весь животъ нашъ Христу Богу предадимъ.

Ликъ: Тебѣ, Господи.

Іерей: Щедротами Единороднаго Сына Твоего, съ Нимже благословенъ еси, со пресвятымъ и благимъ и животворящимъ Твоимъ Духомъ, нынѣ и присно и во вѣки вѣковъ.

Ликъ: Аминь.

Іерей: Миръ всѣмъ.

Ликъ: И духови твоему.

Діаконъ: Возлюбимъ другъ друга, да единомысліемъ исповѣмы.

Ликъ: Отца и Сына и Святаго Духа, Троицу единосущную и нераздѣльную.

Діаконъ: Двери, двери, премудростію вонмемъ.

Сѷмволъ Вѣры.

Ликъ: Вѣрую во единаго Бога Отца, Вседержителя, Творца небу и земли, видимымъ же всѣмъ и невидимымъ. И во единаго Господа Іисуса Христа, Сына Божія, Единороднаго, Иже отъ Отца рожденнаго прежде всѣхъ вѣкъ: Свѣта отъ

Свѣта, Бога истинна отъ Бога истинна, рожденна, несотворенна, единосущна Отцу, Имже вся быша. Насъ ради человѣкъ и нашего ради спасенія сшедшаго съ небесъ и воплотившагося отъ Духа Свята и Маріи Дѣвы и вочеловѣчшася. Распятаго же за ны при Понтійстѣмъ Пилатѣ, и страдавша, и погребенна. И воскресшаго въ третій день по писаніемъ. И возшедшаго на небеса, и сѣдяща одесную Отца. И паки грядущаго со славою судити живымъ и мертвымъ, Егоже Царствію не будетъ конца. И въ Духа Святаго, Господа животворящаго, Иже отъ Отца исходящаго, Иже со Отцемъ и Сыномъ спокланяема и сславима, глаголавшаго пророки. Во едину святую, соборную и Апостольскую Церковь. Исповѣдую едино крещеніе во оставленіе грѣховъ. Чаю воскресенія мертвыхъ: И жизни будущаго вѣка. Аминь.

Діаконъ: Станемъ добрѣ, станемъ со страхомъ: вонмемъ, святое возношеніе въ мирѣ приносити.

Ликъ: Милость мира, жертву хвале-
нія.

Іерей: Благодать Господа нашего Іи-
суса Христа, и любы Бога и Отца, и
причастіе Святаго Духа буди со всѣми
вами.

Ликъ: И со духомъ твоимъ.

Іерей: Горѣ имѣимъ сердца.

Ликъ: Имамы ко Господу.

Іерей: Благодаримъ Господа.

Ликъ: Достойно и праведно есть по-
кланятися Отцу и Сыну и Святому Ду-
ху, Троицѣ единосущнѣй и нераздѣль-
нѣй.

Іерей: Побѣдную пѣснь поюще, вопію-
ще, взывающе и глаголюще.

Ликъ: Свять, свять, свять Господь
Саваоѳъ, исполнь небо и земля славы
Твоея, осанна въ вышнихъ, благосло-
венъ грядый во имя Господне, осанна въ
вышнихъ.

Іерей: Пріимите, ядите, сіе есть Тѣ-
ло Мое, еже за вы ломимое во оставле-
ніе грѣховъ.

Ликъ: Аминь.

Іерей: Пійте отъ нея вси, сія есть Кровь моя новаго завѣта, яже за вы и за многія изливаемая во оставленіе грѣховъ.

Ликъ: Аминь.

Іерей: Твоя отъ Твоихъ Тебѣ приносяще о всѣхъ и за вся.

Ликъ: Тебе поемъ, Тебе благословимъ, Тебѣ благодаримъ, Господи, и молимъ Ти ся, Боже нашъ.

Іерей: Изрядно о Пресвятѣй, Пречистѣй, Преблагословеннѣй, Славнѣй Владычицѣ нашей Богородицѣ и Приснодѣвѣ Маріи.

Ликъ: Достойно есть, яко воистинну, блажити Тя Богородицу, присноблаженную и пренепорочную и Матерь Бога нашего. Честнѣйшую херувимъ и славнѣйшую безъ сравненія серафимъ, безъ истлѣнія Бога Слова рождшую, сущую Богородицу Тя величаемъ.

Аще литургія Василія Великаго:

О Тебѣ радуется, Благодатная, всякая тварь, Ангельскій соборъ и человѣческій родъ: освященный храме и раю словесный, дѣвственная похвало, изъ Неяже Богъ воплотися и Младенецъ бысть, прежде вѣкъ сый Богъ нашъ: ложесна бо Твоя престолъ сотвори и чрево Твое пространнѣе небесъ содѣла. О Тебѣ радуется, Благодатная, всякая тварь, слава Тебѣ.

Ликъ: И всѣхъ и вся.

Іерей: И даждь намъ единѣми усты и единѣмъ сердцемъ славити и воспѣвати пречестное и великолѣпое имя Твое, Отца и Сына и Святаго Духа, нынѣ и присно и во вѣки вѣковъ.

Ликъ: Аминь.

Іерей: И да будутъ милости великаго Бога и Спаса нашего Іисуса Христа со всѣми вами.

Ликъ: И со духомъ твоимъ.

Ектенія.

Діаконъ: Вся святыя помянувше, паки и паки миромъ Господу помолимся.

Ликъ: Господи, помилуй.

Діаконъ: О принесенныхъ и освященныхъ честныхъ Дарѣхъ, Господу помолимся.

Ликъ: Господи, помилуй.

Діаконъ: Яко да Человѣколюбецъ Богъ нашъ, пріемъ я во святый и пренебесный и мысленный Свой жертвенникъ, въ воню благоуханія духовнаго, возниспослетъ намъ Божественную благодать и даръ Святаго Духа, помолимся.

Ликъ: Господи, помилуй.

Діаконъ: О избавитися намъ отъ всякія скорби, гнѣва и нужды, Господу помолимся.

Ликъ: Господи, помилуй.

Діаконъ: Заступи, спаси, помилуй и сохрани насъ, Боже, Твоею благодатію.

Ликъ: Господи, помилуй.

Діаконъ: Дне всего совершенна *(и прочія прошенія ектеніи, см. 98 стр.).*

Діаконъ: Соединеніе вѣры и причастіе Святаго Духа испросивше, сами себе и другъ друга и весь животъ нашъ Христу Богу предадимъ.

Ликъ: Тебѣ, Господи.

Іерей: И сподоби насъ, Владыко, со дерзновеніемъ, неосужденно смѣти призывати Тебе, Небеснаго Бога Отца, и глаголати:

Ликъ: Отче нашъ, Иже еси на небесѣхъ! да святится имя Твое, да пріидетъ Царствіе Твое: да будетъ воля Твоя, яко на небеси и на земли. Хлѣбъ нашъ насущный даждь намъ днесь: и остави намъ долги наша, якоже и мы оставляемъ должникомъ нашымъ: и не введи насъ во искушеніе, но избави насъ отъ лукаваго.

Іерей: Яко Твое есть Царство и сила и слава, Отца и Сына и Святаго Духа, нынѣ и присно и во вѣки вѣковъ.

Ликъ: Аминь.

Іерей: Миръ всѣмъ.

Ликъ: И духови твоему.

Діаконъ: Главы вашя Господеви приклоните.

Ликъ: Тебѣ, Господи.

Іерей: Благодатію и щедротами и

человѣколюбіемъ Единороднаго Сына Твоего, съ Нимже благословенъ еси, со пресвятымъ и благимъ и животворящимъ Твоимъ Духомъ, нынѣ и присно и во вѣки вѣковъ. *Ликъ:* Аминь.

Діаконъ: Вонмемъ.

Іерей: Святая святымъ.

Ликъ: Единъ святъ, единъ Господь, Іисусъ Христосъ, во славу Бога Отца, аминь.

И поетъ ликъ запричастный стихъ:

Хвалите Господа съ небесъ, хвалите Его въ вышнихъ. Аллилуіа *(трижды)*.

По причащеніи священнослужителей:

Діаконъ: Со страхомъ Божіимъ и вѣрою приступите.

Ликъ: Благословенъ грядый во имя Господне, Богъ Господь, и явися намъ.

Іерей: Спаси, Боже, люди Твоя и благослови достояніе Твое.

Ликъ: Видѣхомъ свѣтъ истинный, пріяхомъ Духа Небеснаго, обрѣтохомъ вѣру истинную, нераздѣльнѣй Троицѣ покланяемся: Та бо насъ спасла есть.

Іерей: Всегда, нынѣ и присно и во вѣки вѣковъ.

Ликъ: Аминь. Да исполнятся уста наша хваленія Твоего, Господи, яко да поемъ славу Твою, яко сподобилъ еси насъ причаститися святымъ Твоимъ, Божественнымъ, безсмертнымъ и животворящымъ Тайнамъ: соблюди насъ во Твоей святыни, весь день поучатися правдѣ Твоей. Аллилуіа, аллилуіа, аллилуіа.

Діаконъ: Прости, пріимше Божественныхъ, святыхъ, пречистыхъ, безсмертныхъ, небесныхъ и животворящихъ, страшныхъ Христовыхъ Таинъ, достойно благодаримъ Господа.

Ликъ: Господи, помилуй.

Діаконъ: Заступи, спаси, помилуй и сохрани насъ, Боже, Твоею благодатію.

Ликъ: Господи, помилуй.

Діаконъ: День весь совершенъ, святъ, миренъ и безгрѣшенъ испросивше, сами себе и другъ друга и весь животъ нашъ Христу Богу предадимъ.

Ликъ: Тебѣ, Господи.

Iерей: Яко Ты еси освященіе наше, и Тебѣ славу возсылаемъ, Отцу и Сыну и Святому Духу, нынѣ и присно и во вѣки вѣковъ.

Ликъ: Аминь.

Iерей: Съ миромъ изыдемъ.

Ликъ: О имени Господни.

Діаконъ: Господу помолимся.

Ликъ: Господи, помилуй.

Iерей: Благословляяй благословящыя Тя, Господи, и освящаяй на Тя уповающыя, спаси люди Твоя и благослови достояніе Твое, исполненіе церкве Твоея сохрани, освяти любящыя благолѣпіе дому Твоего: Ты тѣхъ воспрослави Божественною Твоею силою, и не остави насъ уповающихъ на Тя. Миръ мірови Твоему даруй, церквамъ Твоимъ, священникомъ, и всѣмъ людемъ Твоимъ. Яко всякое даяніе благо, и всякъ даръ совершенъ свыше есть, сходяй отъ Тебе Отца свѣтовъ: и Тебѣ славу, и благодареніе, и поклоненіе возсылаемъ, Отцу и Сыну и Святому Духу, нынѣ и присно и во вѣки вѣковъ. *Ликъ:* Аминь.

Буди имя Господне благословено отъ нынѣ и до вѣка. *(трижды).*

Іерей: Благословеніе Господне на васъ, Того благодатію и человѣколюбіемъ, всегда, нынѣ и присно и во вѣки вѣковъ.

Ликъ: Аминь.

Іерей: Слава Тебѣ, Христе Боже, упованіе наше, слава Тебѣ.

Ликъ: Слава Отцу и Сыну и Святому Духу, нынѣ и присно и во вѣки вѣковъ, аминь. Господи, помилуй *(трижды).* Благослови.

Іерей: Христосъ истинный Богъ нашъ, молитвами Пречистыя Своея Матери, святыхъ славныхъ и всехвальныхъ Апостолъ, иже во святыхъ отца нашего Іоанна, архіепископа Константинопольскаго Златоустаго, *(святыхъ, коихъ есть храмъ и день, имя рекъ),* святыхъ и праведныхъ Богоотецъ Іоакима и Анны и всѣхъ святыхъ, помилуетъ и спасетъ насъ, яко благъ и Человѣколюбецъ.

Ликъ поетъ многолѣтіе.

Тропари и кондаки воскресные осми гласовъ.

Тропарь, гласъ 1-й.

Камени запечатану отъ Іудей, и воиномъ стрегущымъ Пречистое Тѣло Твое, воскреслъ еси тридневный Спасе, даруяй мірови жизнь. Сего ради силы небесныя вопіяху Ти, Жизнодавче: слава воскресенію Твоему, Христе: слава Царствію Твоему: слава смотренію Твоему, едине Человѣколюбче.

Кондакъ, гласъ 1-й.

Воскреслъ еси яко Богъ изъ гроба во славѣ, и міръ совоскресилъ еси: и естество человѣческое, яко Бога воспѣваетъ Тя, и смерть исчезе. Адамъ же ликуетъ, Владыко: Ева нынѣ отъ узъ избавляема радуется, зовущи: Ты еси, Иже всѣмъ подая, Христе, воскресеніе.

Тропарь, гласъ 2-й.

Егда снизшелъ еси къ смерти, Животе безсмертный, тогда адъ умертвилъ еси блистаніемъ Божества: егда же и умершыя отъ преисподнихъ воскресилъ еси, вся силы небесныя взываху: Жизнодавче Христе Боже нашъ, слава Тебѣ.

Кондакъ, гласъ 2-й.

Воскреслъ еси отъ гроба, всесильне Спасе, и адъ видѣвъ чудо, ужасеся, и мертвіи восташа: тварь же видящи срадуется Тебѣ, и Адамъ свеселится, и міръ, Спасе мой, воспѣваетъ Тя присно.

Тропарь, гласъ 3-й.

Да веселятся небесная, да радуются земная, яко сотвори державу мышцею Своею Господь, попра смертію смерть, первенецъ мертвыхъ бысть: изъ чрева адова избави насъ, и подаде мірови велію милость.

Кондакъ, гласъ 3-й.

Воскреслъ еси днесь изъ гроба, Щедре, и насъ возвелъ еси отъ вратъ смертныхъ: днесь Адамъ ликуетъ и радуется Ева, вкупѣ же и пророцы съ патріархи воспѣваютъ непрестанно, Божественную державу власти Твоея.

Тропарь, гласъ 4-й.

Свѣтлую воскресенія проповѣдь отъ Ангела увѣдѣвшя Господни ученицы, и прадѣднее осужденіе отвергшя, Апостоломъ хвалящяся глаголаху: испровержеся смерть, воскресе Христосъ Богъ, даруяй мірови велію милость.

Кондакъ, гласъ 4-й.

Спасъ и Избавитель мой изъ гроба, яко Богъ, воскреси отъ узъ земнородныя, и врата адова сокруши, и яко Владыка воскресе тридневенъ.

Тропарь, гласъ 5-й.

Собезначальное Слово Отцу и Духови, отъ Дѣвы рождшееся на спасеніе наше, воспоимъ вѣрніи и поклонимся, яко благоволи плотію взыти на крестъ, и смерть претерпѣти, и воскресити умершыя славнымъ воскресеніемъ Своимъ.

Кондакъ, гласъ 5-й.

Ко аду, Спасе мой, сошелъ еси, и врата сокрушивый яко всесиленъ, умершихъ яко Создатель совоскресилъ еси, и смерти жало сокрушилъ еси, и Адамъ отъ клятвы избавленъ бысть, Человѣколюбче. Тѣмже вси зовемъ: спаси насъ, Господи.

Тропарь, гласъ 6-й.

Ангельскія силы на гробѣ Твоемъ, и стрегущіи омертвѣша, и стояше Марія во гробѣ, ищущи пречистаго тѣла Твоего. Плѣнилъ еси адъ, не искусився отъ него: срѣтилъ еси Дѣву, даруяй животъ: воскресый изъ мертвыхъ, Господи, слава Тебѣ.

Кондакъ, гласъ 6-й.

Живоначальною дланію, умершыя отъ мрачныхъ удолій, Жизнодавецъ воскре-

сивъ, всѣхъ Христосъ Богъ, воскресе-
ніе подаде человѣческому роду: есть
бо всѣхъ Спаситель, воскресеніе и жи-
вотъ, и Богъ всѣхъ.

Тропарь, гласъ 7-й.

Разрушилъ еси Крестомъ Твоимъ
смерть, отверзлъ еси разбойнику рай,
мѵроносицамъ плачъ преложилъ еси,
и Апостоломъ проповѣдати повелѣлъ
еси: яко воскреслъ еси, Христе Боже,
даруяй мірови велію милость.

Кондакъ, гласъ 7-й.

Не ктому держава смертная возможетъ
держати человѣки: Христосъ бо сниде
сокрушая и разоряя силы ея: связуемь
бываетъ адъ, пророцы согласно раду-
ются, предста, глаголюще, Спасъ су-
щымъ въ вѣрѣ: изыдите вѣрніи въ
воскресеніе.

Тропарь, гласъ 8-й.

Съ высоты снизшелъ еси, Благоут-
робне, погребеніе пріялъ еси тр#дне-
ное, да насъ свободиши страстей, Жи-

воте и воскресеніе наше, Господи, слава Тебѣ.

Кондакъ, гласъ 8-й.

Воскресъ изъ гроба, умершыя воздвиглъ еси, и Адама воскресилъ еси и Ева ликуетъ во Твоемъ воскресеніи, и мірстіи концы торжествуютъ, еже изъ мертвыхъ востаніемъ Твоимъ, Многомилостиве.

Дневные тропари и кондаки

на всю седмицу.

Въ понедѣльникъ

Тропарь, гласъ 4-й.

Небесныхъ воинствъ архистратизи, молимъ васъ присно мы недостойніи, да вашими молитвами оградите насъ кровомъ крилъ невещественныя вашея славы, сохраняюще насъ припадающихъ прилѣжно, и вопіющихъ: отъ бѣдъ избавите насъ, яко чиноначальницы вышнихъ силъ.

Кондакъ, гласъ 2-й.

Архистратизи Божіи, служителіе Божественныя славы, ангеловъ начальницы, и человѣковъ наставницы, полезное намъ просите и велію милость, яко безплотныхъ архистратизи.

Во вторникъ

Тропарь, гласъ 2-й.

Память праведнаго съ похвалами, тебѣ же довлѣетъ свидѣтельство Господне, Предтече: показалбося еси воистинну и пророковъ честнѣйшій, яко и въ струяхъ крестити сподобился еси Проповѣданнаго. Тѣмже за истину пострадавъ радуяся, благовѣстилъ еси и сущымъ во адѣ Бога явльшагося плотію, вземлющаго грѣхъ міра и подающаго намъ велію милость.

Кондакъ, гласъ 2-й.

Пророче Божій и Предтече благодати, главу твою, яко шипокъ священнѣйшій отъ земли обрѣтше, исцѣленія всегда пріемлемъ: ибо паки, якоже прежде, въ мірѣ проповѣдуеши покаяніе.

Въ среду и пятокъ
Тропарь, гласъ 1-й.

Спаси, Господи, люди Твоя, и благослови достояніе Твое, побѣды православнымъ христіаномъ на сопротивныя даруя, и Твое сохраняя Крестомъ Твоимъ жительство.

Кондакъ, гласъ 4-й.

Вознесыйся на Крестъ волею, тезоименитому Твоему новому жительству щедроты Твоя даруй, Христе Боже, возвесели силою Твоею православныя христіаны, побѣды дая имъ на сопостаты, пособіе имущымъ Твое оружіе мира, непобѣдимую побѣду.

Въ четвертокъ
Тропарь, гласъ 3-й.

Апостоли святіи, молите милостиваго Бога, да прегрѣшеній оставленіе подастъ душамъ нашымъ.

Святителю Николаю, тропарь, гласъ 4-й.

Правило вѣры и образъ кротости, воздержанія учителя яви тя стаду твоему яже вещей Истина; сего ради стяжалъ еси смиреніемъ высокая, нищетою богатая, отче священноначальниче Николае, моли Христа Бога, спастися душамъ нашымъ.

Кондакъ, гласъ 2-й.

Твердыя и Боговѣщанныя проповѣдатели, верхъ ученикъ Твоихъ, Господи, пріялъ еси въ наслажденіе благихъ Твоихъ и покой: болѣзни бо онѣхъ и смерть пріялъ еси паче всякаго всеплодія, едине свѣдый сердечная.

Святителю Николаю, кондакъ, гласъ 3-й.

Въ Мѵрѣхъ, святе, священнодѣйствитель показался еси: Христово бо, преподобне, Евангеліе исполнивъ, положилъ еси душу твою о людехъ твоихъ, и спаслъ еси неповинныя отъ смерти. Сего ради освятился еси, яко великій таинникъ Божія благодати.

Въ субботу
Тропарь, гласъ 2-й.

Апостоли, мученицы и пророцы, святителіе, преподобніи и праведніи, добрѣ подвигъ совершившіи и вѣру соблюдшіи, дерзновеніе имуще ко Спасу, о насъ Того, яко блага, молите спастися, молимся, душамъ нашимъ.

Тропари: — Помяни, Господи: и — Глубиною мудрости: *и кондакъ:* — Со святыми упокой: *см. 66 стр.*

Кондакъ мученикомъ, гласъ 8-й.

Яко начатки естества, Насадителю твари, вселенная приноситъ Ти, Господи, Богоносныя мученики: тѣхъ молитвами въ мирѣ глубоцѣ Церковь Твою, жительство Твое, Богородицею соблюди, Многомилостиве.

Тропари и кондаки на праздники Господни, Богородичны и святыхъ великихъ.

8-го сентября.

РОЖДЕСТВО ПРЕСВЯТЫЯ БОГОРОДИЦЫ.

Тропарь, гласъ 4-й.

Рождество Твое, Богородице Дѣво, радость возвѣсти всей вселеннѣй: изъ Тебе бо возсія Солнце правды Христосъ Богъ нашъ, и разрушивъ клятву, даде благословеніе, и упразднивъ смерть, дарова намъ животъ вѣчный.

Кондакъ, гласъ 4-й.

Iоакимъ и Анна поношенія безчадства, и Адамъ и Ева отъ тли смертныя свободистася, Пречистая, во святѣмъ рождествѣ Твоемъ. То празднуютъ и людіе Твои, вины прегрѣшеній избавльшеся, внегда звати Ти: неплоды раждаетъ Богородицу и питательницу жизни нашея.

14-го сентября.

ВОЗДВИЖЕНІЕ ЧЕСТНАГО И ЖИВОТВОРЯЩАГО КРЕСТА ГОСПОДНЯ.

Тропарь, гласъ 1-й.

Спаси, Господи, люди Твоя, и благослови достояніе Твое, побѣды православнымъ христіаномъ на сопротивныя даруя, и Твое сохраняя Крестомъ Твоимъ жительство.

Кондакъ, гласъ 4-й.

Вознесыйся на Крестъ волею, тезоименитому Твоему новому жительству щедроты Твоя даруй, Христе Боже: возвесели силою Твоею православныя христіаны, побѣды дая имъ на сопостаты, пособіе имущымъ Твое оружіе мира, непобѣдимую побѣду.

26-го сентября.

ПРЕСТАВЛЕНІЕ СВ. АПОСТОЛА И ЕВАНГЕЛИСТА ІОАННА БОГОСЛОВА.

Тропарь, гласъ 2-й.

Апостоле Христу Богу возлюбленне! ускори избавити люди безотвѣтны: пріемлетъ тя припадающа, Иже падша на перси пріемый, Егоже моли, Богослове, и належащую мглу языковъ разгнати, прося намъ мира и велія милости.

Кондакъ, гласъ 2-й.

Величія твоя, дѣвственниче, кто повѣсть? точиши бо чудеса и изливаеши исцѣленія, и молишися о душахъ нашихъ, яко Богословъ и другъ Христовъ.

1-го октября.

ПОКРОВЪ ПРЕСВЯТЫЯ БОГОРОДИЦЫ.

Тропарь, гласъ 4-й.

Днесь благовѣрніи людіе свѣтло празднуемъ, осѣняеми Твоимъ, Богомати, пришествіемъ, и къ Твоему взирающе пречистому образу, умильно глаголемъ: покрый насъ честнымъ Твоимъ покровомъ, и избави насъ отъ всякаго зла, моляще Сына Твоего Христа Бога нашего, спасти души наша.

Кондакъ, гласъ 3-й.

Дѣва днесь предстоитъ въ церкви, и съ лики святыхъ невидимо за ны молится Богу: Ангели со архіереи покланяются, апостоли же со пророки ликовствуютъ: насъ бо ради молитъ Богородица превѣчнаго Бога.

19-го октября и 20-го декабря.

СВЯТАГО ПРАВЕДНАГО ОТЦА НАШЕГО ІОАННА, КРОНШТАДТСКАГО ЧУДОТВОРЦА.

Тропарь, гласъ 4-й.

Со апостолы изыде вѣщаніе твое въ концы вселенныя, съ исповѣдники страданія за Христа претерпѣлъ еси, святителемъ уподобился еси слова проповѣданіемъ, съ преподобными во благодати Божіей просіялъ еси. Сего ради вознесе Господь бездну смиренія твоего превыше небесъ, и дарова намъ имя твое во источникъ предивныхъ чудесъ. Тѣмже во Христѣ во вѣки живый, чудотворче, любовію милуй сущыя въ бѣдахъ, слыши чада твоя, вѣрою тя призывающыя, Іоанне праведне, возлюбленный пастырю нашъ.

Инъ тропарь, гласъ 4-й.

Во Христѣ во вѣки живый, Чудотворче, любовію милуяй въ бѣдахъ, слыши чада твоя, вѣрою тя призывающія, щедрыя помощи отъ тебѣ чающія, Іоанне Кронштадтскій, возлюбленный пастырю нашъ.

Кондакъ, гласъ 4-й.

Отъ младенства Богомъ избранный, и во отрочествѣ даръ ученія чудесно отъ Него пріемый, и къ пресвитерству въ сонномъ видѣніи преславно призванъ бывъ, пастырь дивный церкве Христовы явился еси, отче Іоанне, благодати тезоимените. Моли Христа Бога всѣмъ намъ съ тобою въ Царствіи Божіемъ быти.

22-го октября.

КАЗАНСКІЯ ИКОНЫ ПРЕСВЯТЫЯ БОГОРОДИЦЫ.

Тропарь, гласъ 4-й.

Заступнице усердная, Мати Господа Вышняго! за всѣхъ молиши Сына Твоего Христа Бога нашего, и всѣмъ твориши спастися, въ державный Твой покровъ прибѣгающымъ: всѣхъ насъ заступи, о Госпоже, Царице и Владычице, иже въ напастехъ и въ скорбехъ и въ болѣзнехъ обремененныхъ грѣхи многими, предстоящихъ и молящихся Тебѣ умиленною душею и сокрушеннымъ сердцемъ предъ пречистымъ Твоимъ образомъ со слезами, и невозвратно надежду имущихъ на Тя избавленія всѣхъ золъ, всѣмъ полезная даруй, и вся спаси, Богородице Дѣво: Ты бо еси Божественный покровъ рабомъ Твоимъ.

Кондакъ, гласъ 8-й.

Притецемъ, людіе, къ тихому сему и доброму пристанищу, скорой Помощницѣ, готовому и теплому спасенію, покрову Дѣвы, ускоримъ на молитву и потщимся на покаяніе: источаетъ бо намъ неоскудныя милости Пречистая Богородица, предваряетъ на помощь, и избавляетъ отъ великихъ бѣдъ и золъ благонравныя и Богобоящыяся рабы Своя.

24-го октября.

ИКОНЫ ПРЕСВЯТЫЯ БОГОРОДИЦЫ ВСѢХЪ СКОРБЯЩИХЪ РАДОСТИ.

Тропарь, гласъ 4-й.

Къ Богородицѣ прилѣжно нынѣ притецемъ, грѣшніи и смиренніи и припадаемъ въ покаяніи зовуще изъ глубины души: Владычице, помози на ны милосердовавши, потщися, погибаемъ отъ множества прегрѣшеній: не отврати Твоя рабы тщы, Тя бо и едину надежду имамы.

Богородиченъ, гласъ 4-й.

Не умолчимъ никогда, Богородице, силы Твоя глаголати недостойніи: аще бо Ты не бы предстояла молящи, кто бы насъ избавилъ отъ толикихъ бѣдъ?

кто же бы сохранилъ донынѣ свободны? не отступимъ, Владычице, отъ Тебе: Твоя бо рабы спасаеши присно отъ всякихъ лютыхъ.

Кондакъ, гласъ 6-й.

Не имамы иныя помощи, не имамы иныя надежды, развѣ Тебе, Владычице: Ты намъ помози: на Тебе надѣемся и Тобою хвалимся: Твои бо есмы раби, да не постыдимся.

8-го ноября.

СВЯТАГО АРХИСТРАТИГА МИХАИЛА И ПРОЧИХЪ БЕЗПЛОТНЫХЪ СИЛЪ.

Тропарь, гласъ 4-й.

Небесныхъ воинствъ архистратизи, молимъ васъ присно мы недостойніи, да вашими молитвами оградите насъ кровомъ крилъ невещественныя вашея славы, сохраняюще насъ припадающихъ прилѣжно, и вопіющихъ: отъ бѣдъ избавите насъ, яко чиноначальницы вышнихъ силъ.

Кондакъ, гласъ 2-й.

Архистратизи Божіи, служителіе Божественныя славы, ангеловъ начальницы, и человѣковъ наставницы, полезное намъ просите и велію милость, яко безплотныхъ архистратизи.

21-го ноября.

ВХОДЪ ВО ХРАМЪ ПРЕСВЯТЫЯ ВЛАДЫЧИЦЫ НАШЕЯ БОГОРОДИЦЫ И ПРИСНОДѢВЫ МАРІИ.

Тропарь, гласъ 4-й.

Днесь благоволенія Божія предображеніе и человѣковъ спасенія проповѣданіе: въ храмѣ Божіи ясно Дѣва является, и Христа всѣмъ предвозвѣщаетъ. Той и мы велегласно возопіимъ: радуйся, смотренія Зиждителева исполненіе.

Кондакъ, гласъ 4-й.

Пречистый храмъ Спасовъ, многоцѣнный чертогъ и Дѣва, священное сокровище славы Божія, днесь вводится въ домъ Господень, благодать совводящи, яже въ Дусѣ Божественнѣмъ, Юже

воспѣваютъ Ангели Божіи: Сія есть се-
леніе небесное.

23-го ноября.

СВЯТАГО БЛАГОВЕРНОГО ВЕЛИКАГО КНЯЗЯ АЛЕКСАНДРА НЕВСКАГО.

Тропарь, гласъ 4-й.

Яко благочестиваго корене пречест-
ная отрасль былъ еси, блаженне Але-
ксандре: яви бо тя Христосъ, яко нѣ-
кое Божественное сокровище Россійстѣй
земли, новаго чудотворца, преславна и
Богопріятна: и днесь сошедшеся въ
память твою вѣрою и любовію, во псал-
мѣхъ и пѣніихъ радующеся славимъ
Господа, давшаго тебѣ благодать исцѣ-
леній: Егоже моли спасти градъ сей и
державѣ сродникъ твоихъ Богоугоднѣй
быти, и сыновомъ Россійскимъ спасти-
ся.

Кондакъ, гласъ 8-й.

Яко звѣзду тя пресвѣтлую почита-
емъ, отъ востока возсіявшую и на за-
падъ пришедшую: всю бо страну сію
чудесы и добротою обогащаеши, и про-

свѣщаеши вѣрою чтущыя память твою, Александре блаженне. Сего ради днесь празднуемъ твое успеніе людіе твои сущіи: моли спасти отечество твое, и вся притекающыя къ рацѣ мощей твоихъ и вѣрно вопіющихъ ти: радуйся, граду нашему утвержденіе.

27-го ноября.

ЗНАМЕНІЯ ПРЕСВЯТЫЯ БОГОРОДИЦЫ.

Тропарь. гласъ 4-й.

Яко необоримую стѣну и источникъ чудесъ, стяжавше Тя раби Твои, Богородице Пречистая, сопротивныхъ ополченія низлагаемъ: тѣмже молимъ Тя: миръ отечеству нашему даруй и душамъ нашымъ велію милость.

Кондакъ, гласъ 4-й.

Честнаго образа Твоего знаменіе празднующе людіе Твои, Богородительнице, имже дивную побѣду на сопротивныхъ граду Твоему даровала еси, тѣмже Тебѣ вѣрою взываемъ: радуйся, Дѣво, христіанъ похвало.

30-го ноября.

СВЯТАГО АПОСТОЛА АНДРЕЯ ПЕРВОЗВАННАГО.

Тропарь, гласъ 4-й.

Яко Апостоловъ первозванный и верховнаго сущій братъ, Владыцѣ всѣхъ, Андрее, молися, миръ вселеннѣй даровати и душамъ нашымъ велію милость.

Кондакъ, гласъ 2-й.

Мужества тезоименитаго Богоглагольника, и Церкве возслѣдователя верховнаго, Петрова сродника восхвалимъ: зане якоже древле сему, и нынѣ намъ воззва: пріидите, обрѣтохомъ Желаемаго.

6-го декабря.

СВЯТИТЕЛЯ НИКОЛАЯ, АРХІЕПИСКОПА МѴРЛѴКІЙСКАГО.

Тропарь, гласъ 4-й.

Правило вѣры и образъ кротости, воздержанія учителя, яви тя стаду твоему яже вещей истина: сего ради стяжалъ еси смиреніемъ высокая, нищетою богатая, отче священноначальниче Николае, моли Христа Бога, спастися душамъ нашымъ.

Кондакъ, гласъ 3-й.

Въ Мѵрѣхъ, святе, священнодѣйствитель показался еси: Христово бо, преподобне, Евангеліе исполнивъ, положилъ еси душу твою о людехъ твоихъ, и спаслъ еси неповинныя отъ смерти. Сего ради освятился еси, яко великій таинникъ Божія благодати.

25-го декабря.
РОЖДЕСТВО ГОСПОДА БОГА И СПАСА НАШЕГО IИСУСА ХРИСТА.
Тропарь, гласъ 4-й.

Рождество Твое, Христе Боже нашъ, возсія мірови свѣтъ разума, въ немъ бо звѣздамъ служащіи звѣздою учахуся, Тебѣ кланятися Солнцу правды и Тебе вѣдѣти съ высоты Востока: Господи, слава Тебѣ!

Кондакъ, гласъ 3-й.

Дѣва днесь Пресущественнаго раждаетъ, и земля вертепъ Неприступному приноситъ: Ангели съ пастырьми славословятъ, волсви же со звѣздою путешествуютъ: насъ бо ради родися Отроча младо, превѣчный Богъ.

ИРМОСЫ РОЖДЕСТВЕНСКАГО КАНОНА.

Гласъ 1-й.

1. Христосъ раждается, славите. Христосъ съ небесъ, срящите. Христосъ на земли, возноситеся. Пойте Господеви вся земля, и веселіемъ воспойте людіе, яко прославися.

3. Прежде вѣкъ отъ Отца рожденному нетлѣнно Сыну, и въ послѣдняя отъ Дѣвы воплощенному безсѣменно, Христу Богу возопіимъ: вознесый рогъ нашъ, Святъ еси, Господи.

4. Жезлъ изъ корене Іессеова и цвѣтъ отъ него, Христе, отъ Дѣвы прозяблъ еси, изъ горы хвальный пріосѣненныя чащи, пришелъ еси воплощься, отъ Неискусомужныя невещественный и Боже, слава силѣ Твоей, Господи.

5. Богъ сый мира, Отецъ щедротъ, великаго совѣта Твоего Ангела, миръ подавающа послалъ еси намъ. Тѣмъ Богоразумія къ свѣту наставльшеся, отъ нощи утренююще, славословимъ Тя, Человѣколюбче!

6. Изъ утробы Іону младенца изблева морскій звѣрь, якова пріятъ: въ Дѣву же вселшееся Слово и плоть пріемшее пройде сохраншее

нетлѣнну, Его же бо не пострада истлѣнія, рождшую сохрани невреждену.

7. Отроцы благочестію совоспитани, злочестиваго велѣнія небрегше, огненнаго прещенія не убояшася, но посредѣ пламене стояще пояху: отцевъ Боже, благословенъ еси.

8. Чуда преестественнаго росодательная изобрази пещь образъ: не бо яже пріятъ палитъ юныя, яко ниже огнь Божества Дѣвы, въ нюже вниде утробу. Тѣмъ воспѣвающе воспоимъ: да благословитъ тварь вся Господа и превозноситъ во вся вѣки.

9. Таинство странное вижу и преславное. Небо — вертепъ: престолъ херувимскій — Дѣву: ясли — вмѣстилище, въ нихже возлеже невмѣстимый Христосъ Богъ, Егоже воспѣвающе величаемъ.

Втораго канона ирмосъ:

9. Любити убо намъ, яко безбѣдное страхомъ, удобѣе молчаніе: любовію же, Дѣво, пѣсни ткати спротяженно сложенныя неудобно есть: но и Мати силу, елико есть произволеніе, даждь.

1-го января.
(Новый годъ гражданскій).

ОБРѢЗАНІЕ ГОСПОДНЕ И ПАМЯТЬ СВЯТИТЕЛЯ ВАСИЛІЯ ВЕЛИКАГО.
Тропарь, гласъ 1-й.

На престолѣ огнезрачнѣмъ въ вышнихъ сѣдяй со Отцемъ безначальнымъ и Божественнымъ Твоимъ Духомъ, благоволилъ еси родитися на земли отъ Отроковицы, неискусомужныя Твоея Матере, Іисусе: сего ради и обрѣзанъ былъ еси, яко человѣкъ осмодневный. Слава всеблагому Твоему совѣту, слава смотрѣнію Твоему, слава снисхожденію Твоему, едине Человѣколюбче.

Кондакъ, гласъ 3-й.

Всѣхъ Господь обрѣзаніе терпитъ, и человѣческая прегрѣшенія, яко благъ, обрѣзуетъ: даетъ спасеніе днесь міру: радуется же въ вышнихъ и Создателевъ іерархъ, и свѣтоносный, Божественный таинникъ Христовъ Василій.

Святителя тропарь, гласъ 1-й.

Во всю землю изыде вѣщаніе твое, яко пріемшую слово твое, имже Боголѣпно научилъ еси, естество сущихъ уяснилъ еси, человѣческія обычаи украсилъ еси, царское свящѣніе, отче преподобне, моли Христа Бога, спастися душамъ нашымъ.

Кондакъ, гласъ 4-й.

Явился еси основаніе непоколебимое Церкве, подая всѣмъ некрадомое господство человѣкомъ, запечатлѣя твоими велѣньми, небоявленне Василіе преподобне!

2-го января.

ПРЕСТАВЛЕНІЕ ПРЕПОДОБНАГО СЕРАФИМА САРОВСКАГО.

Тропарь, гласъ 4-й.

Отъ юности Христа возлюбилъ еси, блаженне, и Тому единому работати пламеннѣ вожделѣвъ, непрестанною молитвою и трудомъ въ пустыни подвизался еси, умиленнымъ же сердцемъ любовь Христову стяжавъ, избранникъ возлюбленъ Божія Матере явился еси. Сего ради вопіемъ ти: спасай насъ молитвами твоими, Серафиме преподобне, отче нашъ.

Кондакъ, гласъ 2-й.

Міра красоту и яже въ немъ тлѣнная оставивъ, преподобне, въ Саровскую оби-

тель вселился еси: и тамо ангельски по-
живъ, многимъ путь былъ еси ко спа-
сенію: сего ради и Христосъ тебе, отче
Серафиме, прослави, и даромъ исцѣле-
ній и чудесъ обогати. Тѣмже вопіемъ
ти: радуйся, Серафиме преподобне, от-
че нашъ.

6-го января.
БОГОЯВЛЕНІЕ, ИЛИ КРЕЩЕНІЕ ГОСПОДНЕ.
Тропарь, гласъ 1-й.

Во Іорданѣ крещающуся Тебѣ, Гос-
поди, Троическое явися поклоненіе: Ро-
дителевъ бо гласъ свидѣтельствоваше
Тебѣ, возлюбленнаго Тя Сына именуя:
и Духъ, въ видѣ голубинѣ, извѣствова-
ше словесе утвержденіе: явлейся Хри-
сте Боже, и міръ просвѣщей, слава
Тебѣ.

Кондакъ, гласъ 4-й.

Явился еси днесь вселеннѣй, и свѣтъ
Твой, Господи, знаменася на насъ, въ
разумѣ поющихъ Тя: пришелъ еси и
явился еси Свѣтъ неприступный.

30-го января.

ТРІЕХЪ СВЯТИТЕЛЕЙ, ВАСИЛІЯ ВЕЛИКАГО, ГРИГОРІЯ БОГОСЛОВА И ІОАННА ЗЛАТОУСТАГО.

Тропарь, гласъ 4-й

Яко Апостоловъ единонравніи, и вселенныя учителіе, Владыку всѣхъ молите, миръ вселеннѣй даровати и душамъ нашымъ велію милость.

Кондакъ, гласъ 2-й.

Священныя и Боговѣщанныя проповѣдники, верхъ учителей, Господи, пріялъ еси въ наслажденіе благихъ Твоихъ и упокоеніе: труды бо онѣхъ и смерть пріялъ еси паче всякаго всеплодія, Едине прославляяй святыя Твоя.

2-го февраля.

СРѢТЕНІЕ ГОСПОДНЕ.

Тропарь, гласъ 1-й.

Радуйся, благодатная Богородице Дѣво, изъ Тебе бо возсія Солнце правды, Христосъ Богъ нашъ, просвѣщаяй сущыя во тмѣ: веселися и ты, старче праведный, пріемый во объятія Свободите-

ля душъ нашихъ, дарующаго намъ во-
скресеніе.

Кондакъ, гласъ 1-й.

Утробу Дѣвичу освятивый рождест-
вомъ Твоимъ, и руцѣ Сѵмеонѣ благо-
словивый, якоже подобаше, предваривъ
и нынѣ спаслъ еси насъ, Христе Бо-
же: но умири во бранѣхъ жительство,
и укрѣпи православныя христіаны, их-
же возлюбилъ еси, едине Человѣколюб-
че!

25-го марта.
БЛАГОВѢЩЕНІЕ ПРЕСВЯТЫЯ БОГОРОДИЦЫ.

Тропарь, гласъ 4-й.

Днесь спасенія нашего главизна, и
еже отъ вѣка таинства явленіе, Сынъ
Божій Сынъ Дѣвы бываетъ, и Гавріилъ
благодать благовѣствуетъ. Тѣмже и мы
съ нимъ Богородицѣ возопіимъ: радуйся,
Благодатная, Господь съ Тобою.

Кондакъ, гласъ 8-й.

Взбранной Воеводѣ побѣдительная, яко
избавльшеся отъ злыхъ, благодарствен-

ная восписуемъ Ти раби Твои, Богородице: но яко имущая державу непобѣдимую, отъ всякихъ насъ бѣдъ свободи, да зовемъ Ти: радуйся, Невѣсто Неневѣстная.

9-го мая.
ПЕРЕНЕСЕНІЕ МОЩЕЙ СВ. НИКОЛАЯ.
Тропарь, гласъ 4-й.

Приспѣ день свѣтлаго торжества, градъ Барскій радуется, и съ нимъ вселенная вся ликовствуетъ пѣсньми и пѣньми духовными: днесь бо священное торжество, въ пренесеніе честныхъ и многоцѣлебныхъ мощей святителя и чудотворца Николаа, якоже солнце незаходимое возсія свѣтозарными лучами, и разгоняя тму искушеній же и бѣдъ отъ вопіющихъ вѣрно: спасай насъ, яко предстатель нашъ, великій Николае.

Кондакъ, гласъ 3-й.

Взыдоша, яко звѣзда отъ востока до запада, твоя мощи, святителю Николае, море же освятися шествіемъ твоимъ, и градъ Барскій пріемлетъ тобою благодать: насъ бо дѣля явился еси чудотворецъ изящный, предивный и милостивый.

11-го мая

СВЯТЫХЪ РАВНОАПОСТОЛЬНЫХЪ МЕѲОДІЯ И КИРИЛЛА, УЧИТЕЛЕЙ СЛОВЕНСКИХЪ.

Тропарь, гласъ 4-й.

Яко Апостоломъ единонравніи и Словенскихъ странъ учителіе, Кирилле и Меѳодіе Богомудріи, Владыку всѣхъ молите, вся языки Словенскія утвердити въ православіи и единомысліи, умирити міръ, и спасти душы нашя.

Кондакъ, гласъ 3-й.

Священную двоицу просвѣтителей нашихъ почтимъ, Божественныхъ писаній преложеніемъ источникъ Богопознанія намъ источившихъ, изъ негоже даже до днесь неоскудно почерпающе, ублажаемъ васъ, Кирилле и Меѳодіе, Престолу Вышняго предстоящихъ и теплѣ молящихся о душахъ нашихъ.

24-го іюня.

РОЖДЕСТВО СВ. СЛАВНАГО ПРОРОКА, ПРЕДТЕЧИ И КРЕСТИТЕЛЯ ІОАННА.

Тропарь, гласъ 4-й.

Пророче и Предтече пришествія Христова, достойно восхвалити тя недоумѣемъ мы, любовію чтущіи тя: неплодство бо рождшія, и отчее безгласіе разрѣшися славнымъ и честнымъ твоимъ рождествомъ, и воплощеніе Сына Божія мірови проповѣдуется.

Кондакъ, гласъ 3-й.

Прежде неплоды, днесь Христова Предтечу раждаетъ, и той есть исполненіе всякаго пророчества: Егоже бо пророцы проповѣдаша, на Сего во Іорданѣ руку положивъ, явися Божія Слова пророкъ, проповѣдникъ, вкупѣ и Предтеча.

29-го іюня.

СВ. СЛАВНЫХЪ АПОСТОЛЪ ПЕТРА И ПАВЛА.

Тропарь, гласъ 4-й.

Апостоловъ первопрестольницы и вселенныя учителіе, Владыку всѣхъ молите, миръ вселеннѣй даровати и душамъ нашымъ велію милость.

Кондакъ, гласъ 2-й.

Твердыя и Боговѣщанныя проповѣдатели, верхъ Апостоловъ Твоихъ, Господи, пріялъ еси въ наслажденіе благихъ Твоихъ и покой: болѣзни бо онѣхъ и смерть пріялъ еси паче всякаго всеплодія, Едине свѣдый сердечная.

15-го iюля.

СВЯТАГО РАВНОАПОСТОЛЬНАГО ВЕЛИКАГО КНЯЗЯ ВЛАДИМІРА.

Тропарь, гласъ 4-й.

Уподобился еси купцу, ищущему добраго бисера, славнодержавный Владиміре, на высотѣ стола сѣдя матере градовъ, Богоспасаемаго Кіева, испытуя же и посылая къ Царскому граду увѣдѣти Православную вѣру, и обрѣлъ еси безцѣнный бисеръ Христа, избравшаго тя, яко втораго Павла, и оттрясшаго слѣпоту во святѣй купели, душевную вкупѣ и тѣлесную. Тѣмже празднуемъ твое успеніе, людіе твои суще: моли спастися странѣ твоей Россійстѣй и подати православнымъ людемъ миръ и велію милость.

Кондакъ, гласъ 8-й.

Подобствовавъ великому Апостолу Павлу въ сѣдинахъ, всеславне Владиміре, вся, яко младенческая мудрованія, яже о идолѣхъ тщанія оставль, яко мужъ совершенный, украсился еси Божественнаго крещенія багряницею: и нынѣ Спасу Христу въ веселіи предстоя, моли спастися странѣ твоей Россійстѣй и подати православнымъ людямъ миръ и велію милость.

20-го іюля.

СВЯТАГО ПРОРОКА БОЖІЯ ИЛІИ.
Тропарь, гласъ 4-й.

Во плоти ангелъ, пророковъ основаніе, вторый Предтеча пришествія Христова Иліа славный, свыше пославый Елисееви благодать, недуги отгоняти и прокаженныя очищати: тѣмже и почитающимъ его точитъ исцѣленія.

Пророче и провидче великихъ дѣлъ Бога нашего, Иліе великоимените, вѣщаніемъ твоимъ уставивый водоточныя облаки, моли о насъ единаго Человѣколюбца.

6-го августа.

ПРЕОБРАЖЕНІЕ ГОСПОДНЕ.
Тропарь, гласъ 7-й.

Преобразился еси на горѣ, Христе Боже, показавый ученикомъ Твоимъ славу Твою, якоже можаху: да возсіяетъ и намъ грѣшнымъ свѣтъ Твой присносущный, молитвами Богородицы, Свѣтодавче, слава Тебѣ.

Кондакъ, гласъ 7-й.

На горѣ преобразился еси, и якоже вмѣщаху ученицы Твои, славу Твою, Христе Боже, видѣша: да егда Тя узрятъ распинаема, страданіе убо уразумѣютъ вольное, мірови же проповѣдятъ, яко Ты еси воистину Отчее сіяніе.

УСПЕНІЕ ПРЕСВЯТЫЯ БОГОРОДИЦЫ.

Тропарь, гласъ 1-й.

Въ рождествѣ дѣвство сохранила еси, во успеніи міра не оставила еси, Богородице, преставилася еси къ животу, Мати сущи Живота, и молитвами Твоими избавляеши отъ смерти души наша.

Кондакъ, гласъ 2-й.

Въ молитвахъ неусыпающую Богородицу, и въ предстательствахъ непреложное упованіе, гробъ и умерщвленіе не удержаста: якоже бо Живота Матерь, къ Животу престави во утробу Вселивыйся приснодѣвственную.

29-го августа.

УСѢКНОВЕНІЕ ЧЕСТНЫЯ ГЛАВЫ ПРОРОКА, ПРЕДТЕЧИ И КРЕСТИТЕЛЯ ІОАННА.

Тропарь, гласъ 2-й.

Память праведнаго съ похвалами, тебѣ же довлѣетъ свидѣтельство Господне, Предтече: показалбося еси воистинну и пророковъ честнѣйшій, яко и въ струяхъ крестити сподобился еси проповѣданнаго. Тѣмже за истину пострадавъ радуяся, благовѣстилъ еси и сущымъ во адѣ Бога явльшагося плотію, вземлющаго грѣхъ міра и подающаго намъ велію милость.

Кондакъ, гласъ 5-й.

Предтечево славное усѣкновеніе, смотреніе бысть нѣкое Божественное, да и сущымъ во адѣ Спасово проповѣсть пришествіе. Да рыдаетъ убо Иродія, беззаконное убійство испросивши: не законъ бо Божій, ни живый вѣкъ возлюби, но притворный, привременный.

Тропари, кондаки, молитвы и стихиры изъ тріоди постныя.

ВЪ НЕДѢЛЮ МЫТАРЯ И ФАРИСЕА.

На утрени послѣ Евангелія, гласъ 8-й:

Покаянія отверзи ми двери, Жизнодавче, утренюетъ бо духъ мой ко храму святому Твоему, храмъ носяй тѣлесный весь оскверненъ: но яко щедръ, очисти благоутробною Твоею милостію.

Богородиченъ:

На спасенія стези настави мя, Богородице, студными бо окаляхъ душу грѣхми, и въ лѣности все житіе мое иждихъ: но Твоими молитвами избави мя отъ всякія нечистоты.

Гласъ 6-й.

Помилуй мя, Боже, по велицѣй милости Твоей, и по множеству щедротъ Твоихъ очисти беззаконіе мое.

Множества содѣянныхъ мною лютыхъ помышляя окаянный, трепещу страшнаго дне суднаго: но надѣяся на милость благоутробія Твоего, яко Давидъ вопію Ти: помилуй мя, Боже, по велицѣй Твоей милости.

ЗРИ: Сіи покаянныя пѣсни Церковь поетъ отъ Недѣли мытаря и фарисеа до пятой недѣли святыя Четыредесятницы.

Кондакъ, гласъ 4-й.

Фарисеева убѣжимъ высокоглаголанія, и мытаревѣ научимся высотѣ глаголъ смиренныхъ, покаяніемъ взывающе: Спасе міра, очисти рабы Твоя.

ВЪ НЕДѢЛЮ БЛУДНАГО СЫНА.

На утрени. Сѣдаленъ, гласъ 1-й.

Объятія Отча отверзти ми потщися: блудно иждихъ мое житіе, на богатство неиждиваемое взираяй щедротъ Твоихъ, Спасе, нынѣ обнищавшее мое сердце не презри. Тебѣ бо, Господи, во умиленіи зову: согрѣшихъ, Отче, на небо и предъ Тобою.

Кондакъ, гласъ 3-й.

Отеческія славы Твоея удалихся безумно, въ злыхъ расточивъ еже ми предалъ еси богатство. Тѣмже Ти блуднаго гласъ приношу: согрѣшихъ предъ Тобою, Отче щедрый, пріими мя кающася, и сотвори мя яко единаго отъ наемникъ Твоихъ.

ВЪ НЕДѢЛЮ МЯСОПУСТНУЮ.

На утрени. Сѣдаленъ, гласъ 6-й.

Помышляю день страшный и плачуся дѣяній моихъ лукавыхъ: како отвѣщаю Безсмертному Царю? коимъ же дерзновеніемъ воззрю на Судію блудный азъ? Благоутробный Отче, Сыне Единородный, Душе Святый, помилуй мя.

Кондакъ, гласъ 6-й.

Егда пріидеши, Боже, на землю со славою, и трепещутъ всяческая: рѣка же огненная предъ судищемъ влечетъ, книги разгибаются, и тайная являются: тогда избави мя огня неугасимаго.

и сподоби мя одесную Тебе стати, Судіе Праведнѣйшій.

ВЪ НЕДѢЛЮ СЫРОПУСТНУЮ.

На утрени. Сѣдаленъ, гласъ 6-й.

Изгнанъ бысть Адамъ отъ райскія сладости, снѣдію горькою въ невоздержаніи заповѣди не сохрани Владычни, и осудися дѣлати землю, отъ неяже взятъ бысть самъ: пóтомъ же многимъ ясти хлѣбъ свой. Тѣмже мы возлюбимъ воздержаніе, да не внѣ рая возрыдаимъ, яко же онъ, но въ него внидемъ.

Кондакъ, гласъ 6-й.

Премудрости наставниче, смысла подателю, немудрыхъ наказателю, и нищихъ защитителю, утверди, вразуми сердце мое, Владыко: Ты даждь ми слово, Отчее Слово, се бо устнѣ мои не возбраню, во еже звати Тебѣ: Милостиве, помилуй мя падшаго.

Молитва святаго Ефрема Сирина.

Господи и Владыко живота моего, духъ праздности, унынія, любоначалія и празднословія не даждь ми. *Поклонъ.*

Духъ же цѣломудрія, смиренномудрія, терпѣнія и любве, даруй ми рабу Твоему. *Поклонъ.*

Ей, Господи Царю, даруй ми зрѣти моя прегрѣшенія, и не осуждати брата моего, яко благословенъ еси во вѣки вѣковъ, аминь. *Поклонъ.*

Боже, очисти мя грѣшнаго,*12 разъ,* и столько же малыхъ поклоновъ, а потомъ всю молитву:

Господи и Владыко живота моего: и проч., и одинъ великій поклонъ.

ЗРИ: Сія молитва читается на часахъ въ среду и пятницу сырной седмицы и во всю святую Четыредесятницу, кромѣ субботы и воскресенья.

ВЪ 1-ю СЕДМИЦУ СВ. ЧЕТЫРЕДЕСЯТНИЦЫ.

Въ понедѣльникъ.

На утрени сѣдаленъ по 2-й каѳисмѣ:

Поста Божественнымъ начаткомъ умиленіе стяжимъ, отъ души вопіюще: Владыко Христе, молитву нашу пріими, яко избранное кадило, и избави насъ, молимся, злосмрадныя тли и му-

ки страшныя, яко единъ сый благоу-
вѣтливый.

На стиховнѣ стихира, гласъ 5-й.

Пріиди постъ, мати цѣломудрія, об-
личитель грѣховъ, проповѣдникъ покая-
нія, жительство Ангеловъ, и спасеніе
человѣковъ, вѣрніи возопіимъ: Боже,
помилуй насъ.

Кондакъ великаго канона, гласъ 6-й.

Душе моя, душе моя, востани, что
спиши? конецъ приближается, и има-
ши смутитися: воспряни убо, да поща-
дитъ тя Христосъ Богъ, вездѣ сый и
вся исполняяй.

Въ среду.

На вечерни стихира, гласъ 8-й.

Постящеся братіе тѣлеснѣ, постимся
и духовнѣ, разрѣшимъ всякій союзъ
неправды, расторгнемъ стропотная ну-
жныхъ измѣненій, всякое списаніе не-
праведное раздеремъ: дадимъ алчу-
щымъ хлѣбъ, и нищыя безкровныя вве-
демъ въ домы, да пріимемъ отъ Христа
Бога велію милость.

Въ пятокъ.

На вечерни стихира, гласъ 5-й.

Пріидите, вѣрніи, дѣлаимъ во свѣтѣ дѣла Божія, яко во дни благообразно ходимъ: всякое неправедное списаніе отъ себе ближняго отъимемъ, не полагающе претыканія сему въ соблазнъ, оставимъ плоти сладострастіе, возрастимъ души дарованія, дадимъ требующымъ хлѣбъ, и приступимъ Христу въ покаяніи вопіюще: Боже нашъ, помилуй насъ.

ВЪ 1-ю НЕДѢЛЮ СВ. ЧЕТЫРЕДЕСЯТНИЦЫ.

Тропарь, гласъ 2-й.

Пречистому образу Твоему покланяемся, Благій, просяще прощенія прегрѣшеній нашихъ, Христе Боже: волею бо благоволилъ еси плотію взыти на крестъ, да избавиши, яже создалъ еси, отъ работы вражія. Тѣмъ благодарственно вопіемъ Ти: радости исполнилъ еси вся, Спасе нашъ, пришедый спасти міръ.

Кондакъ, гласъ 2-й.

Неописанное Слово Отчее, изъ Тебе, Богородице, описася воплощаемь: и оскверншійся образъ въ древнее вообразивъ, Божественною добротою смѣси: но исповѣдающе спасеніе, дѣломъ и словомъ сіе воображаемъ.

ВЪ 3-ю НЕДѢЛЮ СВ. ЧЕТЫРЕДЕСЯТНИЦЫ.
Тропарь, гласъ 1-й.

Спаси, Господи, люди Твоя, и благослови достояніе Твое, побѣды православнымъ христіаномъ на сопротивныя даруя, и Твое сохраняя Крестомъ Твоимъ жительство.

Кондакъ, гласъ 7-й.

Не ктому пламенное оружіе хранитъ вратъ Едемскихъ: на тыя бо найде преславный соузъ, древо крестное: смертное жало и адова побѣда прогнася, предсталъ бо еси, Спасе мой, вопія сущымъ во адѣ: внидите паки въ рай.

Въ субботу 5-я седмицы тропарь, гласъ 8-й.

Повелѣнное тайно пріемъ въ разумѣ, въ кровѣ Іосифовѣ тщаніемъ предста безплотный, глаголя Неискусобрачнѣй: приклонивый схожденіемъ небеса, вмѣщается неизмѣнно весь въ Тя. Егоже и видя въ ложеснахъ Твоихъ пріемша рабій зракъ, ужасаюся звати Тебѣ: радуйся, Невѣсто неневѣстная.

Кондакъ, гласъ 8-й.

Взбранной Воеводѣ побѣдительная: *(см. стр. 143)*.

Въ пятокъ 6-я седмицы св. четыредесятницы, на вечерни стихира, гласъ 8-й.

Душеполезную совершивше четыредесятницу, и святую седмицу страсти Твоея просимъ видѣти, Человѣколюбче, еже прославити въ ней величія Твоя, и неизреченное насъ ради смотреніе Твое, единомудренно воспѣвающе: Господи, слава Тебѣ.

ВЪ НЕДѢЛЮ ВАІЙ.

Тропарь, гласъ 1-й.

Общее воскресеніе прежде Твоея страсти увѣряя, изъ мертвыхъ воздвиглъ еси Лазаря, Христе Боже. Тѣмже и мы, яко отроцы побѣды знаменія носяще, Тебѣ побѣдителю смерти вопіемъ: осанна въ вышнихъ, благословенъ грядый во имя Господне.

Кондакъ, гласъ 6-й.

На престолѣ на небеси, на жребяти на земли носимый, Христе Боже, Ангеловъ хваленіе и дѣтей воспѣваніе пріялъ еси, зовущихъ Ти: благословенъ еси, грядый Адама воззвати.

ВЪ СТРАСТНУЮ СЕДМИЦУ.

Во святый и великій понедѣльникъ, вторникъ и среду на утрени: тропарь, гласъ 8-й.

Се Женихъ грядетъ въ полунощи, и блаженъ рабъ, егоже обрящетъ бдяща: недостоинъ же паки, егоже обрящетъ унывающа. Блюди убо, душе моя, не сномъ отяготися, да не смерти предана будеши, и Царствія внѣ затворишися:

но воспряни зовущи: святъ, святъ, святъ еси, Боже, Богородицею помилуй насъ.

Ексапостиларій:

Чертогъ Твой вижду, Спасе мой, украшенный, и одежды не имамъ, да вниду въ онь: просвѣти одѣяніе души моея, Свѣтодавче, и спаси мя.

Во св. и великій вторникъ кондакъ, гласъ 2-й.

Часъ, душе, конца помысливши, и посѣченія смоковницы убоявшися, данный тебѣ талантъ трудолюбно дѣлай, окаянная, бодрствующи и зовущи, да не пребудемъ внѣ чертога Христова.

Во св. и великую среду кондакъ, гласъ 4-й.

Паче блудницы, Блаже, беззаконновахъ, слезъ тучи никакоже Тебѣ принесохъ: но молчаніемъ моляся припадаю Ти, любовію облобызая пречистѣи Твои нозѣ, яко да оставленіе мнѣ яко Владыка подаси долговъ, зовущу Ти, Спасе: отъ скверныхъ дѣлъ моихъ избави мя.

Во св. и великій четвертокъ тропарь, гласъ 8-й.

Егда славніи ученицы на умовеніи вечери просвѣщахуся, тогда Іуда злочестивый сребролюбіемъ недуговавъ омрачашеся, и беззаконнымъ судіямъ Тебе, Праведнаго Судію, предаетъ. Виждь, имѣній рачителю, сихъ ради удавленіе употребивша: бѣжи несытыя души, Учителю таковая дерзнувшія. Иже о всѣхъ благій, Господи, слава Тебѣ.

Во св. и великій четвертокъ икосъ на утрени.

Тайнѣй трапезѣ въ страсѣ приближившеся вси, чистыми душами хлѣбъ пріимемъ, спребывающе Владыцѣ: да видимъ, како умываетъ ноги учениковъ, и сотворимъ якоже видимъ, другъ другу покаряющеся и другъ другу нозѣ умывающе: Христосъ бо тако повелѣ Своимъ ученикомъ, предреклъ тако творити: но не услыша Іуда рабъ и льстецъ.

Во святый и великій пятокъ на утрени сѣдаленъ, гласъ 4-й.

Искупилъ ны еси отъ клятвы законныя честною Твоею кровію, на крестѣ пригвоздився, и копіемъ прободся, безсмертіе источилъ еси человѣкомъ, Спасе нашъ, слава Тебѣ.

Кондакъ, гласъ 8-й.

Насъ ради Распятаго, пріидите вси воспоимъ: Того бо видѣ Марія на древѣ и глаголаше: аще и распятіе терпиши, Ты еси Сынъ и Богъ мой.

Во св. и великую субботу тропари, гласъ 2-й.

Благообразный Іосифъ, съ древа снемъ Пречистое Тѣло Твое, плащаницею чистою обвивъ, и вонями во гробѣ новѣ покрывъ положи.

Егда снизшелъ еси къ смерти, Животе безсмертный, тогда адъ умертвилъ еси блистаніемъ Божества: егда же и умершыя отъ преисподнихъ воскресилъ еси, вся силы небесныя взываху: Жизнодавче Христе Боже нашъ, слава Тебѣ.

Мѵроносицамъ женамъ при гробѣ представъ Ангелъ, вопіяше: мѵра мер-

твымъ суть прилична, Христосъ же истлѣнія явися чуждь.

Кондакъ, гласъ 6-й.

Бездну заключивый мертвъ зрится, и смирною и плащаницею обвився, во гробѣ полагается, яко смертный безсмертный; жены же пріидоша помазати Его мѵромъ, плачущыя горько и вопіющыя: сія суббота есть преблагословенная, въ нейже Христосъ уснувъ воскреснетъ тридневенъ.

ИРМОСЫ КАНОНА ВЕЛИКОЙ СУББОТЫ
Гласъ 6-й.

1. Волною морскою скрывшаго древле гонителя мичителя, подъ землею скрыша спасенныхъ отроцы: но мы яко отроковицы Господеви поимъ, славно бо прославися.

3. Тебе, на водахъ повѣсившаго всю землю неодержимо, тварь видѣвши на лобнѣмъ висима, ужасомъ многимъ содрагашеся, нѣсть Святъ, развѣ Тебе, Господи, взывающи.

4. На крестѣ Твое Божественное истощаніе провидя Аввакумъ ужасся вопіяше: Ты сильныхъ пресѣклъ еси державу, Блаже, пріобщаяся сущымъ во адѣ, яко всесиленъ.

5. Богоявленія Твоего, Христе, къ намъ ми-

лостивно бывшаго, Исаіа свѣтъ видѣвъ невечерній, изъ нощи утреневавъ взываше: воскреснутъ мертвіи, и востанутъ сущіи во гробѣхъ, и вси земнородніи возрадуются.

6. Ятъ бысть, но не удержанъ въ персехъ китовыхъ Іона: Твой бо образъ нося, страдавшаго и погребенію давшагося, яко отъ чертога, отъ звѣря изыде, приглашаше же кустодіи: хранящіи суетная и ложная, милость сію оставили есте.

7. Неизреченное чудо, въ пещи избавивый преподобныя отроки изъ пламене, во гробѣ мертвъ, бездыханенъ полагается, во спасеніе насъ, поющихъ: Избавителю Боже, благословенъ еси.

8. Ужаснися бояйся небо, и да подвижатся основанія земли: се бо въ мертвецѣхъ вмѣняется въ вышнихъ Живый, и во гробъ малъ странноприемлется: Егоже отроцы благословите, священницы воспойте, людіе превозносите во вся вѣки.

9. Не рыдай Мене, Мати, зрящи во гробѣ, Егоже во чревѣ безъ сѣмене зачала еси Сына: востану бо и прославлюся и вознесу со славою непрестанно, яко Богъ, вѣрою и любовію Тя величающыя.

Изъ тріоди цвѣтной.

ВО СВ. И ВЕЛИКУЮ НЕДѢЛЮ ПАСХИ.

Стихира въ началѣ утрени, гласъ 6-й.

Воскресеніе Твое, Христе Спасе, Ангели поютъ на небесѣхъ: и насъ на земли сподоби чистымъ сердцемъ Тебе славити.

Тропарь.

Христосъ воскресе изъ мертвыхъ, смертію смерть поправъ, и сущымъ во гробѣхъ животъ даровавъ.

ИРМОСЫ И ТРОПАРИ КАНОНА.
Пѣснь 1-я.

Ирмосъ: Воскресенія день, просвѣтимся людіе: пасха, Господня пасха: отъ смерти бо къ жизни, и отъ земли къ небеси, Христосъ Богъ насъ преведе, побѣдную поющыя.

Припѣвъ: **Христосъ воскресе изъ мертвыхъ.**

Очистимъ чувствія, и узримъ неприступнымъ свѣтомъ воскресенія, Христа блистающася, и радуйтеся, рекуща, ясно да услышимъ, побѣдную поюще.

Припѣвъ: **Христосъ воскресе изъ мертвыхъ.**

Небеса убо достойно да веселятся, земля же да радуется, да празднуетъ же міръ, видимый же весь и невидимый: Христосъ бо воста, веселіе вѣчное.

Богородичны:
(Поемыя со второго дня св. Пасхи и до отданія).

Слава Отцу и Сыну и Святому Духу.

Умерщвленія предѣлъ сломила еси, вѣчную жизнь рождшая Христа, изъ гроба возсіявшаго днесь, Дѣво всенепорочная, и міръ просвѣтившаго.

И нынѣ и присно и во вѣки вѣковъ, аминь.

Воскресшаго видѣвши Сына Твоего и

Бога, радуйся со апостолы Богоблаго-
датная Чистая: и еже радуйся первѣе,
яко всѣхъ радости вина, воспрiяла еси,
Богомати всенепорочная.

Пѣснь 3-я.

Ирмосъ: Прiидите, пиво пiемъ новое,
не отъ камене неплодна чудодѣемое, но нетлѣ-
нiя источникъ, изъ гроба одождивша Христа,
въ Немже утверждаемся.

Нынѣ вся исполнишася свѣта, небо
же и земля и преисподняя: да праздну-
етъ убо вся тварь востанiе Христово, въ
Немже утверждается.

Вчера спогребохся Тебѣ, Христе, со-
востаю днесь воскресшу Тебѣ, сраспи-
нахся Тебѣ вчера: самъ мя спрослави,
Спасе, во царствiи Твоемъ.

Богородичны:

Слава: На нетлѣнную жизнь прихож-
ду днесь, благостiю рождшагося изъ Те-
бе, Чистая, и всѣмъ концемъ свѣтъ обли-
ставшаго.

И нынѣ: Бога, Егоже родила еси пло-
тiю, изъ мертвыхъ, якоже рече, востав-

ша видѣвши, Чистая, ликуй: и Сего яко Бога, Пречистая, возвеличай.

Упакои, гласъ 4-й.

Предварившыя утро яже о Маріи, и обрѣтшыя камень отваленъ отъ гроба, слышаху отъ Ангела: во свѣтѣ присносущнѣмъ Сущаго, съ мертвыми что ищете, яко человѣка; видите гробныя пелены, тецыте, и міру проповѣдите, яко воста Господь, умертвивый смерть, яко есть Сынъ Бога, спасающаго родъ человѣческій.

Пѣснь 4-я.

Ирмосъ: На божественнѣй стражи богоглаголивый Аввакумъ да станетъ съ нами, и покажетъ свѣтоносна Ангела, ясно глаголюща: днесь спасеніе міру, яко воскресе Христосъ, яко всесиленъ.

Мужескій убо полъ, яко разверзый дѣвственную утробу, явися Христосъ, яко человѣкъ же: Агнецъ наречеся, непороченъ же, яко невкусенъ скверны: наша Пасха, и яко Богъ истиненъ, совершенъ речеся.

Яко единолѣтный агнецъ, благословенный намъ вѣнецъ Христосъ, волею за всѣхъ закланъ бысть. Пасха чистительная, и паки изъ гроба красное Правды намъ возсія Солнце.

Богоотецъ убо Давидъ, предъ сѣннымъ ковчегомъ скакаше играя: людіе же Божіи святіи, образовъ сбытіе зряще, веселимся божественнѣ, яко воскресе Христосъ, яко всесиленъ.

Богородичны:

Слава: Создавый Адама, Твоего праотца, Чистая, зиждется отъ Тебе, и смертное жилище разори своею смертію днесь, и озари вся божественными блистаньми воскресенія.

И нынѣ: Егоже родила еси Христа, прекрасно изъ мертвыхъ возсіявша Чистая зрящи, добрая и непорочная въ женахъ и красная, днесь во спасеніе всѣхъ: со апостолы радующися, Того прославляй.

Пѣснь 5-я.

Ирмосъ: Утренюемъ утреннюю глубоку,

и вмѣсто мѵра пѣснь принесемъ Владыцѣ, и Христа узримъ правды Солнце, всѣмъ жизнь возсіяюща.

Безмѣрное Твое благоутробіе, адовыми узами содержиміи зряще, къ свѣту идяху, Христе, веселыми ногами, Пасху хваляще вѣчную.

Приступимъ, свѣщеносніи, исходящу Христу изъ гроба яко жениху, и спразднуимъ любопразднственными чинми пасху Божію спасительную.

Богородичны:

Слава: Просвѣщается божественными лучами и живоносными воскресенія Сына Твоего, Богомати Пречистая, и радости исполняется благочестивыхъ собраніе.

И нынѣ: Не разверзлъ еси врата дѣвства въ воплощеніи, гроба не разрушилъ еси печатей, Царю созданія, отонудуже воскресшаго Тя зрящи Мати, радовашеся.

Пѣснь 6-я.

Ирмосъ: Снизшелъ еси въ преисподняя земли, и сокрушилъ еси вереи вѣчныя, содержащыя связанныя, Христе, и тридневенъ, яко отъ кита Iона, воскресъ еси отъ гроба.

Сохранивъ цѣла знаменія, Христе, воскреслъ еси отъ гроба, ключи Дѣвы не вредивый въ рождествѣ Твоемъ, и отверзлъ еси намъ райскія двери.

Спасе мой, живое же и нежертвенное заколеніе, яко Богъ Самъ Себе волею приведъ Отцу, совоскресилъ еси все-роднаго Адама, воскресъ отъ гроба.

Богородичны:

Слава: Возведеся древле держимое смертію и тлѣніемъ, воплотившимся отъ Твоего пречистаго чрева, къ нетлѣннѣй и присносущнѣй жизни, Богородице Дѣво.

И нынѣ: Сниде въ преисподняя земли, въ ложесна Твоя чистая сшедый, и вселивыйся и воплотивыйся паче ума, и воздвиже съ Собою Адама, воскресъ отъ гроба.

Кондакъ, гласъ 8-й.

Аще и во гробъ снизшелъ еси, Безсмертне, но адову разрушилъ еси силу, и воскреслъ еси яко побѣдитель, Христе Боже, женамъ мѵроносицамъ вѣщавый: радуйтеся, и Твоимъ апостоломъ миръ даруяй, падшымъ подаяй воскресеніе.

И к о с ъ :

Еже прежде солнца, Солнце зашедшее иногда во гробъ, предвариша ко утру, ищущыя яко дне мѵроносицы дѣвы, и друга ко друзѣй вопіяху: о другини, пріидите, вонями помажемъ тѣло живоносное и погребенное, плоть воскресившаго падшаго Адама, лежащую во гробѣ. Идемъ, потщимся якоже волсви и поклонимся, и принесемъ мѵра яко дары, не въ пеленахъ, но въ плащаницѣ обвитому, и плачимъ, и возопіимъ: о Владыко, востани, падшымъ подаяй воскресеніе.

Таже поемъ:

Воскресеніе Христово видѣвше, поклонимся святому Господу Іисусу, единому безгрѣшному, Кресту Твоему покланяемся Христе, и святое воскресеніе

Твое поемъ и славимъ: Ты бо еси Богъ нашъ, развѣ Тебе иного не знаемъ, имя Твое именуемъ. Пріидите вси вѣрніи, поклонимся святому Христову воскресенію: се бо пріиде крестомъ радость всему міру. Всегда благословяще Господа, поемъ воскресеніе Его: распятіе бо претерпѣвъ, смертію смерть разруши. *Трижды.*

Воскресъ Іисусъ отъ гроба, якоже пророче, даде намъ животъ вѣчный, и велію милость. *Трижды.*

Пѣснь 7-я.

И р м о с ъ: Отроки отъ пещи избавивый, бывъ человѣкъ, страждетъ яко смертенъ, и страстію смертное, въ нетлѣнія облачитъ благолѣпіе, единъ благословенъ отцевъ Богъ, и препрославленъ.

Жены съ мѵры богомудрыя въ слѣдъ Тебе течаху: Егоже яко мертва со слезами искаху, поклонишася радующыяся живому Богу, и Пасху тайную Твоимъ, Христе, ученикомъ благовѣстиша.

Смерти празднуемъ умерщвленіе, адо-

во разрушеніе, иного житія вѣчнаго на-
чало, и играюще поемъ виновнаго, еди-
наго благословеннаго отцевъ Бога и пре-
прославленнаго.

Яко воистинну священная и всепраздн-
ственная, сія спасительная нощь, и свѣ-
тозарная, свѣтоноснаго дне востанія су-
щи провозвѣстница: въ нейже безлѣт-
ный Свѣтъ изъ гроба, плотски всѣмъ
возсія.

Богородичны:

Слава: Умертвивъ Сынъ Твой смерть,
Всенепорочная, днесь, всѣмъ смертнымъ
пребывающій животъ во вѣки вѣковъ
дарова, единъ благословенный отцевъ
Богъ и препрославленный.

И нынѣ: Всѣмъ царствуяй созданіемъ,
бывъ человѣкъ, вселися въ Твою, Бого-
благодатная, утробу, и распятіе претер-
пѣвъ и смерть, воскресе боголѣпно, со-
возставивъ насъ яко всесиленъ.

Пѣснь 8-я.

Ирмосъ: Сей нареченный и святый день,
единъ субботъ царь и господь, праздниковъ

праздникъ, и торжество есть торжествъ: въ оньже благословимъ Христа во вѣки.

Пріидите, новаго винограда рожденія, божественнаго веселія, въ нарочитомъ дни воскресенія, царствія Христова пріобщимся, поюще Его яко Бога во вѣки.

Возведи окрестъ очи твои, Сіоне, и виждь: се бо пріидоша къ тебѣ, яко богосвѣтлая свѣтила, отъ запада, и сѣвера, и моря, и востока чада твоя, въ тебѣ благословящая Христа во вѣки.

Пресвятая Троице Боже нашъ, слава Тебѣ.

Отче Вседержителю, и Слове, и Душе, треми соединяемое во упостасѣхъ естество, пресущественне и пребожественне, въ Тя крестихомся, и Тя благословимъ во вся вѣки.

Богородичны:

Слава: Пріиде Тобою въ міръ Господь, Дѣво Богородице, и чрево адово расторгъ, смертнымъ намъ воскресеніе дарова. Тѣмже благословимъ Его во вѣки.

И нынѣ: Всю низложивъ смерти державу Сынъ Твой, Дѣво, Своимъ воскресеніемъ, яко Богъ крѣпкій совознесе насъ и обожи, тѣмже воспѣваемъ Его во вѣки.

Пѣснь 9-я.

Припѣвъ: **Величитъ душа моя воскресшаго тридневно отъ гроба, Христа жизнодавца.**

Ирмосъ: Свѣтися, свѣтися, новый Іерусалиме: слава бо Господня на тебѣ возсія, ликуй нынѣ, и веселися Сіоне! Ты же Чистая красуйся Богородице, о востаніи рождества Твоего.

Припѣвъ: **Христосъ новая пасха, жертва живая, Агнецъ Божій, вземляй грѣхи міра.**

О божественнаго, о любезнаго, о сладчайшаго Твоего гласа! съ нами бо неложно обѣщался еси быти до скончанія вѣка, Христе: Егоже вѣрніи, утвержденіе надежды имуще, радуемся.

Припѣвъ: **Ангелъ вопіяше Благодатнѣй: чистая Дѣво, радуйся, и паки реку, радуйся: Твой Сынъ воскресе тридневенъ отъ гроба, и мертвыя воздвигнувый, людіе веселитеся.**

О Пасха велія и священнѣйшая, Христе! О Мудросте, и Слове Божій, и сило! подавай намъ истѣе Тебе причащатися, въ невечернѣмъ дни царствія Твоего.

Богородичны:

Слава: Согласно Дѣво Тебе блажимъ
вѣрніи: радуйся, двере Господня, ра-
дуйся граде одушевленный: радуйся,
Еяже ради намъ нынѣ возсія свѣтъ,
изъ Тебе рожденнаго изъ мертвыхъ во-
скресенія.

И нынѣ: Веселися и радуйся боже-
ственная двере свѣта: зашедый бо Іисусъ
во гробъ возсія, просіявъ солнца свѣт-
лѣе, и вѣрныя вся озаривъ, богорадован-
ная Владычице.

Ексапостиларій.

Плотію уснувъ, яко мертвъ, Царю
и Господи, тридневенъ воскреслъ еси,
Адама воздвигъ отъ тли, и упразднивъ
смерть: Пасха нетлѣнія, міра спасеніе.

СТИХИРЫ ПАСХИ.

Стихъ: **Да воскреснетъ Богъ, и расточатся
врази Его.**

Пасха священная намъ днесь пока-
зася: Пасха нова святая; Пасха таин-
ственная; Пасха всечестная, Пасха Хри-

стосъ Избавитель: Пасха непорочная; Пасха великая; Пасха вѣрныхъ: Пасха двери райскія намъ отверзающая: Пасха всѣхъ освящающая вѣрныхъ.

Стихъ: **Яко исчезаетъ дымъ, да исчезнутъ.**

Пріидите отъ видѣнія жены благовѣстницы, и Сіону рцыте: пріими отъ насъ радости благовѣщенія, воскресенія Христова: красуйся, ликуй, и радуйся, Іерусалиме, Царя Христа узрѣвъ изъ гроба, яко жениха происходяща.

Стихъ: **Тако да погибнутъ грѣшницы отъ лица Божія, а праведницы да возвеселятся.**

Мѵроносицы жены, утру глубоку представша гробу Живодавца, обрѣтоша Ангела на камени сѣдяща, и той, провѣщавъ имъ, сице глаголаше: что ищете живаго съ мертвыми; что плачете нетлѣннаго во тли; шедше проповѣдите ученикомъ Его.

Стихъ: **Сей день, егоже сотвори Господь, возрадуемся и возвеселимся въ онь.**

Пасха красная, Пасха, Господня Пасха, Пасха всечестная намъ возсія. Пасха, радостію другъ друга объимемъ. О Пасха, избавленіе скорби! ибо изъ гроба днесь яко отъ чертога возсіявъ Христосъ, жены радости исполни, глаголя: проповѣдите апостоломъ.

Слава Отцу и Сыну и Святому Духу, и нынѣ и присно и во вѣки вѣковъ. Аминь.

Воскресенія день, и просвѣтимся торжествомъ, и другъ друга объимемъ, рцемъ: братіе, и ненавидящимъ насъ, простимъ вся воскресеніемъ, и тако возопіимъ: Христосъ воскресе изъ мертвыхъ, смертію смерть поправъ, и сущымъ во гробѣхъ животъ даровавъ.

Таже, Христосъ воскресе: *трижды.*

ЧАСЫ СВЯТЫЯ ПАСХИ*).

Аще іерей: **Благословенъ Богъ нашъ:**

Мірскій же глаголетъ: **Молитвами святыхъ отецъ нашихъ, Господи Іисусе Христе Боже нашъ помилуй насъ. Аминь.**

---

*) Сіе послѣдованіе бываетъ во всю свѣтлую седмицу вмѣсто повечерія и полунощницы, а также вмѣсто утреннихъ и вечернихъ молитвъ.

Христосъ воскресе изъ мертвыхъ, смертію смерть поправъ, и сущымъ во гробѣхъ животъ даровавъ. *Трижды.*

Таже глаголемъ (трижды):

Воскресеніе Христово видѣвше, поклонимся святому Господу Іисусу, единому безгрѣшному. Кресту Твоему покланяемся Христе, и святое воскресеніе Твое поемъ и славимъ: Ты бо еси Богъ нашъ, развѣ Тебе иного не знаемъ, имя Твое именуемъ. Пріидите вси вѣрніи, поклонимся святому Христову воскресенію: се бо пріиде крестомъ радость всему міру. Всегда благословяще Господа, поемъ воскресеніе Его: распятіе бо претерпѣвъ, смертію смерть разруши.

Упакои (единожды).

Предварившыя утро яже о Маріи, и обрѣтшыя камень отваленъ отъ гроба слышаху отъ Ангела: во свѣтѣ присносущнѣмъ Сущаго, съ мертвыми что ищете яко человѣка? видите гробныя пелены, тецыте и міру проповѣдите, яко воста Господь, умертвивый смерть, яко есть Сынъ Бога, спасающаго родъ человѣческій.

Кондакъ (единожды).

Аще и во гробъ снизшелъ еси, Безсмертне, но адову разрушилъ еси силу, и воскреслъ еси яко побѣдитель, Христе Боже, женамъ мѵроносицамъ вѣщавый: радуйтеся, и Твоимъ апостоломъ миръ даруяй, падшымъ подаяй воскресеніе.

И сей тропарь (единожды).

Во гробѣ плотски, во адѣ же съ душею яко Богъ, въ раи же съ разбойникомъ, и на престолѣ былъ еси, Христе, со Отцемъ и Духомъ, вся исполняяй неописанный.

Слава Отцу и Сыну и Святому Духу.

Яко живоносецъ, яко рая краснѣйшій, воистинну и чертога всякаго царскаго показася свѣтлѣйшій, Христе, гробъ Твой, источникъ нашего воскресенія.

И нынѣ и присно и во вѣки вѣковъ, аминь.

Вышняго освященное божественное селеніе, радуйся: Тобою бо дадеся радость, Богородице, зовущымъ: благословенна Ты въ женахъ еси, всенепорочная Владычице.

Господи, помилуй, 40.

Слава Отцу и Сыну и Святому Духу, и нынѣ и присно, и во вѣки вѣковъ, аминь.

Честнѣйшую херувимъ и славнѣйшую безъ сравненія серафимъ, безъ истлѣнія Бога Слова рождшую, сущую Богородицу Тя величаемъ.

Именемъ Господнимъ благослови, отче.

Іерей: **Молитвами святыхъ отецъ нашихъ:** И глаголемъ трижды тропарь:

Христосъ воскресе: *Слава, и нынѣ:* Господи, помилуй, *трижды.* Благослови. *И отпустъ отъ іерея.*

Мірскій же глаголетъ:

Господи Іисусе Христе, Сыне Божій, молитвъ ради Пречистыя Твоея Матере, преподобныхъ и Богоносныхъ отецъ нашихъ и всѣхъ святыхъ, помилуй насъ. Аминь.

ВЪ НЕДѢЛЮ 2-Ю ПО ПАСХѢ (СВЯТАГО АПОСТОЛА ѲОМЫ).

Тропарь, гласъ 7-й.

Запечатану гробу, Животъ отъ гроба возсіялъ еси, Христе Боже, и дверемъ заключеннымъ, ученикомъ предсталъ еси, всѣхъ воскресеніе: духъ правый тѣми обновляя намъ, по велицѣй Твоей милости.

Кондакъ, гласъ 8-й.

Любопытною десницею, жизноподательная Твоя ребра Ѳома испыта, Христе Боже: созаключеннымъ бо дверемъ яко вшелъ еси, съ прочими Апостолы вопіяше Тебѣ: Господь еси и Богъ мой.

ВЪ НЕДѢЛЮ 3-Ю ПО ПАСХѢ (СВЯТЫХЪ ЖЕНЪ МѴРОНОСИЦЪ).

Тропари, гласъ 2-й.

Егда снизшелъ еси къ смерти, Животе бесмертный, тогда адъ умертвилъ еси блистаніемъ Божества. Егда же и умершыя отъ преисподнихъ воскресилъ еси, вся силы небесныя взываху: Жизнодавче, Христе Боже нашъ, слава Тебѣ.

Слава: Благообразный Іосифъ съ древа снемъ Пречистое Тѣло Твое, плащаницею чистою обвивъ и вонями во гробѣ новѣ закрывъ положи: но тридневенъ воскреслъ еси, Господи, подаяй мірови велію милость.

И нынѣ: Мѵроносицамъ женамъ при гробѣ представъ Ангелъ вопіяше: мѵра мертвымъ суть прилична, Христосъ же истлѣнія явися чуждъ, но возопійте: воскресе Господь, подаяй мірови велію милость.

Кондакъ, гласъ 2-й.

Радоватися мѵроносицамъ повелѣлъ еси, плачь праматере Евы утолилъ еси воскресеніемъ Твоимъ, Христе Боже: Апостоломъ же Твоимъ проповѣдати повелѣлъ еси: Спасъ воскресе отъ гроба.

ВЪ НЕДѢЛЮ 4-Ю ПО ПАСХѢ (РАЗСЛАБЛЕННАГО).

Кондакъ, гласъ 3-й.

Душу мою, Господи, во грѣсѣхъ всяческихъ и безмѣстными дѣяньми лютѣ разслаблену, воздвигни Божественнымъ Твоимъ предстательствомъ, якоже и разслабленнаго воздвиглъ еси древле, да зову Ти спасаемь: щедрый, слава, Христе, державѣ Твоей.

ВЪ СРЕДУ ПРЕПОЛОВЕНІЯ СВ. ПЯТИДЕСЯТНИЦЫ.

Тропарь, гласъ 8-й.

Преполовившуся празднику, жаждущую душу мою благочестія напой водами, яко всѣмъ, Спасе, возопилъ еси: жаждай да грядетъ ко Мнѣ и да піетъ. Источниче жизни нашея, Христе Боже, слава Тебѣ.

Кондакъ, гласъ 4-й.

Празднику законному преполовляющуся, всѣхъ Творче и Владыко, къ предстоящымъ глаголалъ еси, Христе Боже:

пріидите и почерпите воду безсмертія. Тѣмже Тебѣ припадаемъ и вѣрно вопіемъ: щедроты Твоя даруй намъ, Ты бо еси источникъ жизни нашея.

ВЪ НЕДѢЛЮ 5-Ю ПО ПАСХѢ (САМАРЯНЫНИ).

Кондакъ, гласъ 8-й.

Вѣрою пришедшая на кладязь самаряныня, видѣ Тя премудрости воду: еюже напоившися обильно, Царствіе вышнее наслѣдова вѣчно, яко приснославная.

ВЪ НЕДѢЛЮ 6-Ю ПО ПАСХѢ (СЛѢПАГО).

Кондакъ, гласъ 4-й.

Душевныма очима ослѣпленъ, къ Тебѣ, Христе, прихожду, якоже слѣпый отъ рожденія, покаяніемъ зову Ти: Ты сущихъ во тмѣ свѣтъ пресвѣтлый.

ВЪ ЧЕТВЕРТОКЪ ВОЗНЕСЕНІЯ НА НЕБО ГОСПОДА НАШЕГО ІИСУСА ХРИСТА.

Тропарь, гласъ 4-й.

Вознеслся еси во славѣ, Христе Боже нашъ, радость сотворивый ученикомъ,

обѣтованіемъ Святаго Духа, извѣщен-
нымъ имъ бывшимъ благословеніемъ:
яко Ты еси Сынъ Божій, Избавитель
міра.

Кондакъ, гласъ 6-й.

Еже о насъ исполнивъ смотрѣніе, и
яже на земли соединивъ небеснымъ, воз-
неслся еси во славѣ, Христе Боже нашъ,
никакоже отлучаяся, но пребывая неот-
ступный, и вопія любящимъ Тя: Азъ
есмь съ вами, и никтоже на вы.

ВЪ НЕДѢЛЮ 7-Ю ПО ПАСХѢ
(318 БОГОНОСНЫХЪ ОТЕЦЪ СОБОРА, ИЖЕ ВЪ НИКЕИ).
Тропарь, гласъ 8-й.

Препрославленъ еси, Христе Боже
нашъ, свѣтила на земли Отцы наши
основавый, и тѣми ко истиннѣй вѣрѣ
вся ны наставивый, Многоблагоутробне,
слава Тебѣ.

Кондакъ, гласъ 8-й.

Апостолъ проповѣданіе, и Отецъ дог-
маты, Церкви едину вѣру запечатлѣ-

ша: яже и ризу носящи истины, исткану отъ еже свыше Богословія, исправляетъ и славитъ благочестія великое таинство.

ВЪ НЕДѢЛЮ 8-Ю ПО ПАСХѢ
(СВ. ПЯТИДЕСЯТНИЦЫ, ИЛИ СВ. ТРОИЦЫ).

Тропарь, гласъ 8-й.

Благословенъ еси, Христе Боже нашъ, Иже премудры ловцы явлей, ниспославъ имъ Духа Святаго, и тѣми уловлей вселенную, Человѣколюбче, слава Тебѣ.

Кондакъ, гласъ 8-й.

Егда снишедъ языки слія, раздѣляше языки Вышній: егда же огненныя языки раздаяше, въ соединеніе вся призва: и согласно славимъ Всесвятаго Духа.

ВЪ НЕДѢЛЮ 1-Ю ПО ПЯТИДЕСЯТНИЦѢ
(ВСѢХЪ СВЯТЫХЪ).

Тропарь, гласъ 4-й.

Иже во всемъ мірѣ мученикъ Твоихъ, яко багряницею и вѵссомъ, кровь ми Церковь Твоя украсившися, тѣми вопіетъ Ти, Христе Боже: людемъ Твоимъ щедроты Твоя низпосли, миръ жительству Твоему даруй и душамъ нашымъ велію милость.

Яко начатки естества, насадителю твари, вселенная приноситъ Ти, Господи, Богоносныя мученики: тѣхъ молитвами въ мирѣ глубоцѣ Церковь Твою, жительство Твое, Богородицею соблюди, Многомилостиве.

ВЪ НЕДѢЛЮ 2-Ю ПО ПЯТИДЕСЯТНИЦѢ (ВСѢХЪ СВЯТЫХЪ ВЪ ЗЕМЛИ РУССКОЙ ПРОСІЯВШИХЪ).

Тропарь, гласъ 8-й.

Якоже плодъ красный Твоего спасительнаго сѣянія, земля Русская приноситъ Ти, Господи, вся святыя, въ той просіявшія. Тѣхъ молитвами въ мирѣ глубоцѣ Церковь и землю нашу Богородицею соблюди, Многомилостиве.

Кондакъ, гласъ 3-й.

Днесь ликъ святыхъ, въ земли нашей Богу угодившихъ, предстоитъ въ церкви и невидимо за ны молится Богу: Ангели съ нимъ славословятъ, и вси святіи Церкве Христовы Ему спразднуютъ: о насъ бо молятъ вси купно Превѣчнаго Бога.

Тропари и кондаки общіе святымъ.

ПРОРОКУ.

Тропарь, гласъ 2-й.

Пророка Твоего *(имя рекъ)* память, Господи, празднующе, тѣмъ Тя молимъ, спаси души наша.

Кондакъ, гласъ 4-й.

Просвѣтившееся Духомъ чистое твое сердце пророчества бысть свѣтлѣйшаго пріятелище: зриши бо яко настоящая далече сущая: сего ради тя почитаемъ, пророче блаженне *(имя рекъ)*, славне.

АПОСТОЛУ.

Тропарь, гласъ 3-й.

Апостоле святый *(имя рекъ)*, моли милостиваго Бога, да прегрѣшеній оставленіе подастъ душамъ нашымъ.

Кондакъ, гласъ 4-й.

Яко звѣзду пресвѣтлую Церковь всегда стяжа тя, Апостоле *(имя рекъ)*, чудесъ твоихъ многоподаваніемъ просвѣщаема. Тѣмже зовемъ Христу: спаси чтущихъ вѣрою память Твоего Апостола, Многомилостиве.

СВЯТИТЕЛЮ.

Тропарь, гласъ 4-й.

Правило вѣры и образъ кротости, воздержанія учителя яви тя стаду твоему яже вещей истина: сего ради стяжалъ еси смиреніемъ высокая, нищетою богатая, отче *(имя рекъ)*, моли Христа Бога, спастися душамъ нашымъ.

Кондакъ, гласъ 2-й.

Божественный громъ, труба духовная, вѣры насадителю и отсѣкателю ересей, Троицы угодниче, великій святителю *(имя рекъ)*, со Ангелы предстоя присно, моли непрестанно о всѣхъ насъ.

МУЧЕНИКУ.

Тропарь, гласъ 4-й.

Мученикъ Твой, Господи, *(имя рекъ)* во страданіи своемъ вѣнецъ пріятъ нетлѣнный отъ Тебе Бога нашего: имѣяй бо крѣпость Твою, мучителей низложи, сокруши и демоновъ немощныя дерзости: того молитвами спаси души наша.

Звѣзда свѣтлая явился еси непрелестная мірови, Солнца Христа возвѣщающи зарями твоими, страстотерпче *(имя рекъ)*, и прелесть погасилъ еси всю, намъ же подаеши свѣтъ, моляся непрестанно о всѣхъ насъ.

МУЧЕНИЦѢ.
Тропарь, гласъ 4-й.

Агница Твоя, Іисусе, *(имя рекъ)* зоветъ веліимъ гласомъ: Тебе, Женише мой, люблю, и Тебе ищущи страдальчествую и сраспинаюся и спогребаюся крещенію Твоему, и стражду Тебе ради, яко да царствую въ Тебѣ, и умираю за Тя, да и живу съ Тобою: но яко жертву непорочную пріими мя, съ любовію пожершуюся Тебѣ. Тоя молитвами, яко милостивъ, спаси души наша.

Кондакъ, гласъ 2-й.

Храмъ твой всечестный яко цѣльбу душевную обрѣтше, вси вѣрніи велегласно вопіемъ ти: дѣво мученице *(имя рекъ)* великоименитая, Христа Бога моли непрестанно о всѣхъ насъ.

ПРЕПОДОБНОМУ.

Тропарь, гласъ 8-й.

Въ тебѣ, отче, извѣстно спасеся еже по образу: пріимъ бо крестъ послѣдовалъ еси Христу, и дѣя училъ еси презирати убо плоть, преходитъ бо: прилѣжати же о души, вещи безсмертнѣй: тѣмже и со ангелы срадуется, преподобне *(имя рекъ)*, духъ твой.

Кондакъ, гласъ 2-й.

Чистотою душевною божественно вооружився, и непрестанныя молитвы яко копіе вручивъ крѣпко, проболъ еси бѣсовская ополченія, *(имя рекъ)*, отче нашъ, моли непрестанно о всѣхъ насъ.

ПРЕПОДОБНОЙ.

Тропарь, гласъ 8-й.

Въ тебѣ, мати, извѣстно спасеся еже

по образу: пріимши бо крестъ послѣдовала еси Христу, и дѣющи учила еси презирати убо плоть, преходитъ бо: прилѣжати же о души, вещи безсмертнѣй: тѣмже и со ангелы срадуется, преподобная *(имя рекъ)*, духъ твой.

Кондакъ, гласъ 2-й.

За любовь Господню, преподобная, покоя желаніе возненавидѣла еси, пощеніемъ духъ твой просвѣтивши: крѣпко бо звѣри побѣдила еси: но молитвами твоими противныхъ шатаніе разори.

БЕЗСРЕБРЕННИКАМЪ.

Тропарь, гласъ 8-й.

Святіи безсребренницы и чудотворцы, посѣтите немощи наша: туне пріясте, туне дадите намъ.

Кондакъ, гласъ 2-й.

Благодать пріимше исцѣленій, простираете здравіе сущымъ въ нуждахъ, врачеве, чудотворцы преславніи: но вашимъ посѣщеніемъ ратниковъ дерзости низложите, міръ исцѣляюще чудесы.

ХРИСТА РАДИ ЮРОДИВЫМЪ.
Тропарь, гласъ 1-й.

Гласъ Апостола твоего Павла услышавъ глаголющь: мы юроди Христа ради, рабъ Твой, Христе Боже, *(имя рекъ)* юродъ бысть на земли Тебе ради: тѣмже память его почитающе, Тебе молимъ, Господи, спаси душы нашя.

Кондакъ, гласъ 8-й.

Вышнія красоты желая и нижнія сласти тѣлесныя тощно оставилъ еси, нестяжаніемъ суетнаго міра, ангельское житіе проходя, скончався, *(имя рекъ)* блаженне: съ нимиже Христа Бога моли непрестанно о всѣхъ насъ.

Молитвы на разные случаи.

ПРИЗЫВАНІЕ ПОМОЩИ ДУХА СВЯТАГО НА ВСЯКОЕ ДОБРОЕ ДѢЛО.

Царю Небесный:

Тропарь, гласъ 2-й.

Творче и Создателю всяческихъ Боже, дѣла рукъ нашихъ, ко славѣ Твоей начинаемая, Твоимъ благословеніемъ спѣшно исправи, и насъ отъ всякаго зла избави, яко единъ всесиленъ и Человѣколюбецъ.

Кондакъ, гласъ 6-й.

Скорый въ заступленіе и крѣпкій въ помощь, предстани благодатію силы Твоея нынѣ, и благословивъ укрѣпи, и въ совершеніе намѣренія благаго дѣла рабовъ Твоихъ произведи: вся бо, елика хощеши, яко сильный Богъ творити можеши.

БЛАГОДАРЕНІЕ ЗА ВСЯКОЕ БЛАГОДѢЯНІЕ
Тропарь, гласъ 4-й.

Благодарни суще недостойніи раби Твои, Господи, о Твоихъ великихъ благодѣяніихъ на насъ бывшихъ, славяще Тя хвалимъ, благословимъ, благодаримъ, поемъ и величаемъ Твое благоутробіе, и рабски любовію вопіемъ Ти: благодѣтелю Спасе нашъ, слава Тебѣ.

Кондакъ, гласъ 3-й.

Твоихъ благодѣяній и даровъ туне, яко раби непотребніи, сподобльшеся, Владыко, къ Тебѣ усердно притекающе, благодареніе по силѣ приносимъ, и Тебе яко благодѣтеля и Творца славяще, вопіемъ: слава Тебѣ, Боже всещедрый.

Слава, и нынѣ:

Богородице, христіаномъ помощнице, Твое предстательство стяжавше раби Твои, благодарно Тебѣ вопіемъ: радуйся, Пречистая Богородице Дѣво, и отъ всѣхъ бѣдъ насъ Твоими молитвами всегда избави, едина вскорѣ предстательствующая.

Пѣснь хвалебная св. Амвросія, еп. Медіоланскаго.

Тебе Бога хвалимъ, Тебе Господа исповѣдуемъ, Тебе превѣчнаго Отца вся земля величаетъ. Тебѣ вси ангели, Тебѣ небеса и вся силы, Тебѣ херувими и серафими непрестанными гласы взываютъ: Святъ, Святъ, Святъ, Господь Богъ Саваоѳъ, полны суть небеса и земля величества славы Твоея. Тебе преславный апостольскій ликъ, Тебе пророческое хвалебное число, Тебе хвалитъ пресвѣтлое мученическое воинство, Тебе по всей вселеннѣй исповѣдуетъ Святая Церковь, Отца непостижимаго величества, покланяемаго Твоего истиннаго и Единороднаго Сына, и Святаго Утѣшителя Духа. Ты Царю славы Христе, Ты Отца присносущный Сынъ еси: Ты, ко избавленію пріемля человѣка, не возгнушался еси Дѣвическаго чрева. Ты одолѣвъ смерти жало, отверзлъ еси вѣрующимъ Царство Небесное. Ты одесную Бога сѣдиши во славѣ Отчей, Судія пріити вѣришися. Тебе убо просимъ: помози рабомъ Твоимъ, ихже честною кровію искупилъ еси. Сподоби со святыми Твоими въ вѣчной славѣ Твоей царствовати. Спаси люди Твоя, Господи, и благослови достояніе Твое, исправи я и вознеси ихъ во вѣки: во вся дни благословимъ Тебе, и восхвалимъ имя Твое во вѣкъ и въ вѣкъ вѣка. Сподоби, Господи, въ день сей безъ грѣха сохранитися намъ. Помилуй насъ, Господи, помилуй насъ: буди милость Твоя, Господи, на насъ, якоже уповахомъ на Тя: на Тя, Господи, уповахомъ, да не постыдимся во вѣки. Аминь.

О УМНОЖЕНІИ ЛЮБВИ И ИСКОРЕНЕНІИ НЕНАВИСТИ И ВСЯКІЯ ЗЛОБЫ.
Тропарь, гласъ 4-й.

Союзомъ любве апостолы Твоя связавый, Христе, и насъ Твоихъ вѣрныхъ рабовъ къ Себѣ тѣмъ крѣпко связавъ, творити заповѣди Твоя и другъ друга любити нелицемѣрно сотвори, молитвами Богородицы, едине Человѣколюбче.

Кондакъ, гласъ 5-й.

Пламенемъ любве распали къ Тебѣ сердца наша, Христе Боже, да тою разжизаеми, сердцемъ, мыслію же и душею, и всею крѣпостію нашею возлюбимъ Тя, и искренняго своего яко себе, и повелѣнія Твоя храняще славимъ Тя, всѣхъ благъ Дателя.

О НЕНАВИДЯЩИХЪ И ОБИДЯЩИХЪ НАСЪ.
Тропарь, гласъ 4-й.

О распеншихъ Тя моливыйся, любодушне Господи, и рабомъ Твоимъ о вразѣхъ молитися повелѣвый, ненавидящихъ и обидящихъ насъ прости, и отъ всякаго зла и лукавства ко братолюбному и добродѣтельному настави жительству, смиренно мольбу приносимъ: да въ согласномъ единомысліи славимъ Тя единаго Человѣколюбца.

Кондакъ, гласъ 5-й.

Якоже первомученикъ Твой Стефанъ о убивающихъ его моляше Тя, Господи, и мы припадающе молимъ, ненавидящихъ всѣхъ и обидящихъ насъ прости, во еже ни единому отъ нихъ насъ ради погибнути, но всѣмъ спастися благодатію Твоею, Боже всещедрый.

ВО ВРЕМЯ БѢДСТВІЯ И ПРИ НАПАДЕНІИ ВРАГОВЪ.

Тропарь, гласъ 4-й.

Скоро предвари, прежде даже не поработимся врагомъ хулящымъ Тя, и претящымъ намъ, Христе Боже нашъ: погуби Крестомъ Твоимъ борющыя насъ, да уразумѣютъ, како можетъ православныхъ вѣра, молитвами Богородицы, едине Человѣколюбче.

Кондакъ, гласъ 8-й.

Возбранный Воеводо и Господи, ада побѣдителю! яко избавлься отъ вѣчныя смерти, похвальная восписую Ти, созданіе и рабъ Твой: но яко имѣяй милосердіе неизреченное, отъ всякихъ мя бѣдъ свободи, зовуща: Іисусе Сыне Божій, помилуй мя.

Стихи изъ псалмовъ:

Господи, воздвигни силу Твою, и пріиди во еже спасти ны.

Да воскреснетъ Богъ и расточатся врази Его, и да бѣжатъ отъ лица Его ненавидящіи Его. Яко исчезаетъ дымъ, да исчезнутъ.

О ПУТЕШЕСТВУЮЩИХЪ.

Тропарь, гласъ 2-й.

Путь и истина сый, Христе, спутника Ангела Твоего рабомъ Твоимъ нынѣ, якоже Товіи иногда, посли сохраняюща, и невредимыхъ, ко славѣ Твоей, отъ всякаго зла во всякомъ благополучіи соблюдающа, молитвами Богородицы, едине Человѣколюбче.

Кондакъ, гласъ 2-й.

Луцѣ и Клеопѣ во Еммаусъ спутьшествовавый, Спасе, сшествуй и нынѣ рабомъ Твоимъ, путешествовати хотящымъ, отъ всякаго избавляя ихъ злаго обстоянія: вся бо Ты, яко Человѣколюбецъ, можеши хотяй.

Молитва.

Господи Іисусе Христе Боже нашъ, истинный и живый путю, состранствовати мнимому Твоему отцу Іосифу, и пречистѣй Ти Дѣвѣ Матери, во Египетъ изволивый, и Луцѣ и Клеопѣ во Еммаусъ спутьшествовавый! И нынѣ смиренно молимъ Тя, Владыко Пресвятый, и рабомъ Твоимъ симъ Твоею благодатію спутьшествуй. И якоже рабу Твоему Товіи, Ангела хранителя и наставника послѝ, сохраняюща и избавляюща ихъ отъ всякаго злаго обстоянія видимыхъ и невидимыхъ враговъ, и ко исполненію заповѣдей Твоихъ наставляюща, мирно же и благополучно и здраво препровождающа, и паки цѣло и безмятежно возвращающа: и даждь имъ все благое свое намѣреніе ко благоугожденію Твоему, благополучно во славу Твою исполнити. Твое бо есть, еже миловати и спасати насъ, и Тебѣ славу возсылаемъ со Безначальнымъ Твоимъ Отцемъ, и со Пресвятымъ, и благимъ, и животворящимъ Твоимъ Духомъ, нынѣ и присно, и во вѣки вѣковъ. Аминь.

О БОЛЯЩИХЪ.

Тропарь, гласъ 4-й.

Скорый въ заступленіи единъ сый, Христе, скорое свыше покажи посѣщеніе страждущему рабу Твоему, и избави отъ недугъ и горькихъ болѣзней и воздвигни во еже пѣти Тя и славити непрестанно, молитвами Богородицы, едине Человѣколюбче.

Кондакъ, гласъ 2-й.

На одрѣ болѣзни лежащаго и смертною раною уязвленнаго, якоже иногда воздвиглъ еси, Спасе, Петрову тещу и разслабленнаго на одрѣ носимаго, сице и нынѣ, Милосерде, страждущаго посѣти и исцѣли: Ты бо единъ еси недуги и болѣзни рода нашего понесый, и вся могій, яко Многомилостивъ.

Молитва.

Владыко Вседержителю, Святый Царю, наказуяй и не умерщвляяй, утверждаяй низпадающыя, возводяй низверженныя, тѣлесныя человѣковъ скорби исправляяй, молимся Тебѣ, Боже нашъ, раба Твоего *(имя рекъ)* немощствующа посѣти милостію Твоею, прости ему всякое согрѣшеніе вольное и невольное. Ей, Господи, врачебную Твою силу съ небесе низпосли, прикоснися тѣлеси, угаси огневицу, укроти страсть и всякую немощь таящуюся, буди врачъ раба Твоего *(имя рекъ)*, воздвигни его отъ одра болѣзненнаго, и отъ ложа озлобленія цѣла и всесовершенна, даруй его Церкви Твоей благоугождающа и творяща волю Твою. Твое бо есть, еже миловати и спасати ны, Боже нашъ, и Тебѣ славу возсылаемъ, Отцу, и Сыну, и Святому Духу, нынѣ и присно, и во вѣки вѣковъ, аминь.

ОБЪ УМЕРШИХЪ.

Тропарь, гласъ 4-й.

Со духи праведныхъ скончавшихся душу раба Твоего, Спасе, упокой, сохраняя ю во блаженной жизни, яже у Тебе, Человѣколюбче.

Въ покоищи Твоемъ, Господи, идѣже вси святіи упокоеваются, упокой и душу раба Твоего, яко единъ еси Человѣколюбецъ.

Слава: Ты еси Богъ, сошедый во адъ, и узы окованныхъ разрѣшивый, Самъ и душу раба Твоего упокой.

И нынѣ: Едина чистая и непорочная Дѣво, Бога безъ сѣмене рождшая, моли, спастися души его.

Сѣдаленъ, гласъ 5-й.

Покой, Спасе нашъ, съ праведными раба Твоего, и сего всели во дворы Твоя, якоже есть писано, презирая, яко благъ, прегрѣшенія его вольная и невольная и вся яже въ вѣдѣніи и не въ вѣдѣніи, Человѣколюбче.

Кондакъ, гласъ 8-й.

Со святыми упокой, Христе, душу раба Твоего, идѣже нѣсть болѣзнь, ни печаль, ни воздыханіе, но жизнь безконечная.

Икосъ:

Самъ единъ еси Безсмертный, сотворивый и создавый человѣка, земніи убо отъ земли создахомся, и въ землю туюжде пойдемъ, якоже повелѣлъ еси, создавый мя, и рекій ми: яко земля еси, и въ землю отъидеши, аможе вси человѣцы пойдемъ, надгробное рыданіе творяще пѣснь: аллилуіа, аллилуіа, аллилуіа.

Псаломъ 90.

Живый въ помощи Вышняго, въ кровѣ Бога Небеснаго водворится, речетъ Господеви: Заступникъ мой еси и прибѣжище мое, Богъ мой, и уповаю на Него. Яко Той избавитъ тя отъ сѣти ловчи и отъ словесе мятежна: плещма Своима осѣнитъ тя, и подъ крилѣ Его надѣешися: оружіемъ обыдетъ тя истина Его. Не убоишися отъ страха нощнаго, отъ стрѣлы летящія во дни, отъ вещи во тмѣ преходящія, отъ сряща и бѣса полуденнаго. Падетъ отъ страны твоея тысяща, и тма одесную тебе, къ тебѣ же не приближится: обаче очима твоима смотриши, и воздаяніе грѣшниковъ узриши. Яко Ты, Господи, упованіе мое: Вышняго положилъ еси прибѣжище твое. Не пріидетъ къ тебѣ зло, и рана не приближится тѣлеси твоему: яко Ангеломъ Своимъ заповѣсть о тебѣ, сохранити тя во всѣхъ путехъ твоихъ. На рукахъ возмутъ тя, да не когда преткнеши о камень ногу твою: на аспида и василиска наступиши, и попереши льва и змія. Яко на Мя упова, и избавлю и: покрыю и, яко позна имя Мое. Воззоветъ ко Мнѣ, и услышу его: съ нимъ есмь въ скорби, изму его, и прославлю его: долготою дній исполню его, и явлю ему спасеніе Мое.

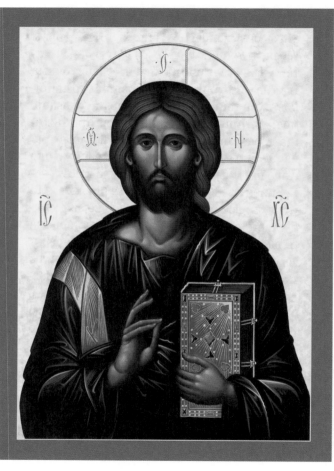

Канонъ умилительный
ко Господу нашему Іисусу Христу.

Гласъ 2-й. Пѣснь 1.

Ирмосъ : Во глубинѣ постла иногда фараонитское всевоинство преоруженная сила, воплощшееся же Слово всезлобный грѣхъ потребило есть: препрославленный Господь, славно бо прославися.

Припѣвъ: Іисусе сладчайшій, спаси мя.

Іисусе сладчайшій Христе, Іисусе долготерпѣливе, души моея язвы исцѣли, Іисусе, и услади сердце мое многомилостиве, молюся, Іисусе Спасе мой, да величаю Тя спасаемый.

Іисусе сладчайшій Христе, Іисусе, отверзи покаянія ми дверь, человѣколюбче Іисусе, и пріими мя, Тебѣ припадающа, и теплѣ просяща, Іисусе Спасе мой, согрѣшеній прощенія.

Слава: Іисусе сладчайшій Христе, Іисусе, исхити мя изъ руки льстиваго веліара, Іисусе, и сотвори деснаго предстоятеля славы Твоея, Іисусе Спасе мой, части шуія мя избавляяй.

И нынѣ: Іисуса рождшая Бога, Владычице, моли о непотребныхъ рабѣхъ, Пречистая, яко да муки молитвами Твоими избавимся, Нескверная, оскверненніи, славы присносущныя наслаждающеся.

Пѣснь 3.

Ирмосъ: На камени мя вѣры утвердивъ, разширилъ еси уста моя на враги моя, возвесели бо ся духъ мой, внегда пѣти: нѣсть святъ, якоже Богъ нашъ, и нѣсть праведенъ паче Тебе, Господи.

Услыши, Человѣколюбче Іисусе мой, раба Твоего, вопіюща во умиленіи, и избави мя, Іисусе, осужденія и муки, едине Долготерпѣливе, Іисусе сладчайшій Многомилостиве.

Подъими раба Твоего, Іисусе мой, припадающа со слезами, Іисусе мой, и спаси, Іисусе мой, кающагося мя и геенны, Владыко, избави, Іисусе сладчайшій Многомилостиве.

Слава: Время, Іисусе мой, еже далъ ми еси, въ страсти иждихъ, Іисусе мой; тѣмже, Іисусе мой, не отвержи мя, но воззови, молюся, Владыко, Іисусе сладчайшій, и спаси.

И нынѣ: Дѣво рождшая Іисуса моего, моли избавити мя геенны, едино предстательство оскорбляемыхъ Богоблагодатная, и сподоби мя жизни, Всенепорочная, нестарѣющіяся.

Сѣдаленъ, гласъ 1-й.

Спасе мой Іисусе, блуднаго спасый, Спасе мой Іисусе, пріемый блудницу, и мене нынѣ помилуй, Іисусе Многомилостиве: спаси, ущедри, о Іисусе Благодѣтелю, якоже, Благоутробне, Манассію, Іисусе мой, яко единъ Человѣколюбецъ.

Пѣснь 4.

Ирмосъ: Пришелъ еси отъ Дѣвы, не ходатай, ни Ангелъ, но Самъ Господи воплощся, и спаслъ еси всего мя человѣка. Тѣмъ зову Ти: слава силѣ Твоей, Господи.

Исцѣли, Іисусе мой, души моея язвы, Іисусе мой, молюся, и руки мя исхити, Іисусе мой Благоутробне, душетлѣннаго веліара, и спаси.

Согрѣшихъ, Іисусе мой сладчайшій, Благоутробне: Іисусе мой, спаси мя прибѣгающаго къ покрову Твоему, Іисусе Долготерпѣливе, и царствія Твоего мя сподоби.

Слава: Никтоже согрѣши, Іисусе мой, якоже согрѣшихъ азъ окаянный: но припадаю моляся, Іисусе мой, спаси мя, и жизни, Іисусе мой, наслѣдіе ми даруй.

И нынѣ: Всепѣтая Іисуса рождшая Господа, Того моли избавити муки вся поющыя Тя, и Богородицу воистинну именующыя.

Пѣснь 5.

Ирмосъ: Просвѣщеніе во тмѣ лежащихъ, спасеніе отчаянныхъ, Христе Спасе мой, къ Тебѣ утренюю Царю міра, просвѣти мя сіяніемъ Твоимъ: иного бо развѣ Тебе Бога не знаю.

Ты просвѣщеніе, Іисусе мой, ума моего, Ты спасеніе отчаянныя души моея, Спасе, Ты, Іисусе мой, муки избави, и геенны мя зовуща: спаси, Іисусе мой Христе, мя окаяннаго.

Всеконечно, Іисусе мой, ко страсти безчестія низверженъ нынѣ зову: Ты, Іисусе мой, помощи ми руку низпославъ, исторгни зовуща: спаси, Іисусе мой, Христе, мя окаяннаго.

Слава: Оскверненъ умъ, Іисусе мой, обнося взываю Ти: очисти мя отъ скверны прегрѣшеній, и избави мя во глубины злобы отъ невѣдѣнія низпоползшагося, Спасе Іисусе мой, и спаси мя, молюся.

И нынѣ: Іисуса рождшая, Отроковице Богородительнице, Того умоли спасти вся православныя, монахи и мірскія, и геенны избавити зовущыя: развѣ Тебе представительства твердаго не знаемъ.

Пѣснь 6.

И р м о с ъ : Въ бездпѣ грѣховнѣй валяя-
ся, неизслѣдную милосердія Твоего призываю
бездну: отъ тли, Боже, мя возведи.

Іисусе мой Христе многомилостиве,
исповѣдающгася пріими мя, Владыко, о
Іисусе, и спаси мя, и отъ тли, Іисусе,
мя исхити.

Іисусе мой, никтоже бысть инъ блуд-
никъ, якоже азъ страстный, о Іисусе
человѣколюбче: но Ты Іисусе, мя спа-
си.

Слава: Іисусе мой, блудницу и блуд-
наго, и Манассію и мытаря преидохъ,
о Іисусе мой, страстьми, и разбойника,
Іисусе, и ниневитяны.

И нынѣ: Іисуса Христа моего рожд-
шая, пречистая Дѣво, едина несквер-
ная, осквернена суща мя, молитвъ тво-
ихъ ѵссопомъ нынѣ очисти.

Пѣснь 7.

И р м о с ъ : Образу златому, на полѣ Деи-
рѣ служиму, тріе Твои отроцы небрегоша без-
божнаго велѣнія: посредѣ же огня ввержени,
орошаеми пояху: благословенъ еси, Боже отецъ
нашихъ.

Христе Іисусе, никтоже согрѣши на земли отъ вѣка, о Іисусе мой, якоже согрѣшихъ азъ окаянный и блудный. Тѣмже, Іисусе мой, вопію Ти: поюща мя ущедри, благословенъ еси, Боже отецъ нашихъ.

Христе Іисусе, ко страху Твоему, вопію, пригвозди мя, о Іисусе мой, и окорми нынѣ ко пристанищу благоотишному, яко да, Іисусе мой щедре, пою Ти спасаемый: благословенъ еси, Боже отецъ нашихъ.

Слава: Христе Іисусе, тмами обѣщахъ Тебѣ страстный, о Іисусе мой, покаяніе, но солгахъ окаянный. Тѣмже, Іисусе мой, вопію Ти: нечувственнѣ пребывающую душу мою просвѣти, Христе, отцевъ Боже, благословенъ еси.

И нынѣ: Христа Іисуса рождшая странно и паче естества, Того моли Всенепорочная, яже чрезъ естество моя прегрѣшенія вся простити ми, Отроковице, да зову спасаемь: благослевенна еси, Бога плотію рождшая.

Пѣснь 8.

Ирмосъ: Въ пещь огненную ко отрокомъ Еврейскимъ снизшедшаго, и пламень въ росу преложшаго Бога, пойте дѣла яко Господа, и превозносите во вся вѣки.

Тя, Іисусе мой, молю: якоже блудницу, Іисусе мой, избавилъ еси многихъ согрѣшеній, тако и мене, Іисусе Христе мой, избави и очисти оскверненную душу мою, Іисусе мой.

Преклонився, Іисусе, безсловесными сластьми, безсловесенъ явихся, и скотомъ воистинну, о Іисусе мой, страстно окаянный уподобихся, Спасе: тѣмже, Іисусе, безсловесія мя избави.

Слава: Впадъ, о Іисусе, въ душетлѣнныя разбойники, обнажихся одежды, Іисусе мой, боготканныя нынѣ, и лежу ранами уязвенъ: елей, Христе мой, возлей на мя и вино.

И нынѣ: Іисуса моего и Бога носившая Христа несказанно, Богородице Маріе, Того моли присно, отъ бѣдъ спастися рабомъ Твоимъ, и пѣвцемъ Твоимъ, неискусомужная Дѣво.

Пѣснь 9.

Ирмосъ: Отъ Бога Бога Слова, неизреченною мудростію пришедшаго обновити Адама, ядію въ тлѣніе падшаго лютѣ, отъ Святыя Дѣвы неизреченно воплотившагося насъ ради, вѣрніи единомудренно пѣсньми величаемъ.

Манассію, Іисусе мой, мытаря, блудницу, блуднаго, щедре Іисусе, и разбойника преидохъ, Іисусе мой, въ дѣлѣхъ студныхъ и безмѣстныхъ, Іисусе: но Ты, Іисусе мой, предваривъ мя, спаси.

Отъ Адама, Іисусе мой, согрѣшившыя вся, прежде закона и въ законѣ, Іисусе, и по законѣ, окаянный, и благодати, Іисусе мой, побѣдихъ страстьми окаянно: но Ты, Іисусе мой, судьбами Твоими спаси мя.

Слава: Да не отлученъ буду, Іисусе мой, неизреченныя Твоея славы, да не улучу части, Іисусе, шуія, сладчайшій Іисусе: но Ты мя деснымъ овцамъ Твоимъ, Христе Іисусе мой, сочетавъ, упокой, яко благоутробенъ.

И нынѣ: Іисуса, Богородице, Егоже носила еси, едина неискусомужная Дѣво Маріе, Того, Чистая, умилостиви, яко Сына Твоего и Зиждителя, избавити притекающыя къ Тебѣ искушеній и бѣдъ и огня будущаго.

Молитва ко Господу нашему Іисусу Христу.

Владыко Господи Іисусе Христе Боже мой, Иже неизреченнаго ради Твоего человѣколюбія, на конецъ вѣковъ въ плоть оболкійся отъ Приснодѣвы Маріи, славлю о мнѣ Твое спасительное промышленіе рабъ Твой, Владыко: пѣснословлю Тя, яко Тебе ради Отца познахъ: благословляю Тя, Егоже ради и Духъ Святый въ міръ пріиде: покланяюся Твоей по плоти Пречистѣй Матери, таковѣй страшнѣй тайнѣ послужившей: восхваляю Твоя ангельская ликостоянія, яко воспѣватели и служители Твоего величествія; ублажаю предтечу Іоанна, Тебе крестившаго, Господи: почитаю и провозвѣстившыя Тя пророки, прославляю апостолы Твоя святыя: торжествую же и мученики, священники же

Твоя славлю: поклоняюся преподобнымъ Твоимъ, и вся Твоя праведники пѣстунствую. Таковаго и толикаго многаго и неизреченнаго лика божественнаго въ молитву привожду Тебѣ всещедрому Богу рабъ Твой, и сего ради прошу моимъ согрѣшеніемъ прощенія, еже даруй ми всѣхъ Твоихъ ради святыхъ, изряднѣе же святыхъ Твоихъ щедротъ, яко благословенъ еси во вѣки, аминь.

Акаѳистъ сладчайшему Господу нашему Іисусу Христу.

Кондакъ 1.

Возбранный Воеводо и Господи, ада побѣдителю, яко избавлься отъ вѣчныя смерти, похвальная восписую Ти, созданіе и рабъ Твой: но яко имѣяй милосердіе неизреченное, отъ всякихъ мя бѣдъ свободи, зовуща: Іисусе Сыне Божій, помилуй мя.

Икосъ 1.

Ангеловъ Творче, и Господи силъ, отверзи ми недоумѣнный умъ и языкъ, на похвалу Пречистаго Твоего имене, якоже глухому и гугнивому древле слухъ и языкъ отверзлъ еси, и глаголаше зовый таковая: Іисусе пречудный, ангеловъ удивленіе: Іисусе пресильный, прародителей избавленіе. Іисусе пресладкій, патріарховъ величаніе: Іисусе преславный, царей укрѣпленіе. Іисусе прелюбимый, пророковъ исполненіе: Іисусе предивный, мучениковъ крѣпосте. Іисусе претихій, монаховъ радосте: Іисусе премилостивый, пресвитеровъ сладосте. Іисусе премилосердый, постниковъ воздержаніе: Іисусе пресладостный, преподобныхъ радованіе. Іисусе пречестный, дѣвственныхъ цѣломудріе: Іисусе предвѣчный, грѣшниковъ спасеніе. Іисусе Сыне Божій, помилуй мя.

Кондакъ 2.

Видя вдовицу зѣльнѣ плачущу, Господи, якоже бо тогда умилосердився, сына ея на погребеніе несома воскресилъ еси: сице и о мнѣ умилосердися Человѣколюбче, и грѣхми умерщвленную мою душу воскреси, зовущу: Аллилуіа.

Икосъ 2.

Разумъ неуразумѣнный разумѣти Филиппъ ища, Господи, покажи намъ Отца, глаголаше, Ты же къ нему: толикое время сый со Мною, не позналъ ли еси, яко Отецъ во Мнѣ, и Азъ во Отцѣ есмь? Тѣмже, Неизслѣдованне, со страхомъ зову Ти: Іисусе, Боже предвѣчный: Іисусе, Царю пресильный. Іисусе, Владыко долготерпѣливый: Іисусе, Спасе премилостивый. Іисусе, хранителю мой преблагій: Іисусе, очисти грѣхи моя. Іисусе, отьими беззаконія моя: Іисусе, отпусти неправды моя. Іисусе, надеждо моя, не остави мене: Іисусе, помощниче мой, не отрини мене. Іисусе, Создателю мой, не забуди мене: Іисусе, Пастырю мой, не погуби мене. Іисусе Сыне Божій, помилуй мя.

Кондакъ 3.

Силою свыше апостолы облекій Іисусе, во Іерусалимѣ сѣдящыя, облецы и мене обнаженнаго отъ всякаго благотворенія, теплотою Духа Святаго Твоего, и даждь ми съ любовію пѣти Тебѣ: Аллилуіа.

Икосъ 3.

Имѣяй богатство милосердія, мытари и грѣшники, и невѣрныя призвалъ еси Іисусе: не презри и мене нынѣ, подобнаго имъ, но яко многоцѣнное мѵро, пріими пѣснь сію: Іисусе, сило непобѣдимая: Іисусе, милосте безконечная. Іисусе, красото пресвѣтлая: Іисусе, любы неизреченная. Іисусе, Сыне Бога живаго: Іисусе, помилуй мя грѣшнаго. Іисусе, услыши мя въ беззаконіихъ зачатаго: Іисусе, очисти мя во грѣсѣхъ рожденнаго. Іисусе, научи мя непотребнаго: Іисусе, освѣти мя темнаго. Іисусе, очисти мя сквернаго: Іисусе, возведи мя блуднаго. Іисусе Сыне Божій, помилуй мя.

Кондакъ 4.

Бурю внутрь имѣяй помышленій сумнительныхъ Петръ, утопаше: узрѣвъ же во плоти Тя суща, Іисусе, и по водамъ ходяща, позна Тя Бога истиннаго, и руку спасенія получивъ, рече: Аллилуіа.

Икосъ 4.

Слыша слѣпый мимоходяща Тя, Господи, путемъ, вопіяше: Іисусе Сыне Давидовъ, помилуй мя: и призвавъ, отверзлъ еси очи его. Просвѣти убо милостію Твоею очи мысленныя сердца и мене, вопіюща Ти и глаголюща: Іисусе, вышнихъ Создателю: Іисусе, нижнихъ Искупителю. Іисусе, преисподнихъ потребителю: Іисусе, всея твари украсителю. Іисусе, души моея утѣшителю: Іисусе, ума моего просвѣтителю. Іисусе, сердца моего веселіе: Іисусе, тѣла моего здравіе. Іисусе, Спасе мой, спаси мя: Іисусе, свѣте мой, просвѣти мя. Іисусе, муки всякія избави мя: Іисусе, спаси мя недостойнаго. Іисусе Сыне Божій, помилуй мя.

Кондакъ 5.

Боготочною кровію, якоже искупилъ

еси насъ древле отъ законныя клятвы, Iисусе: сице изми насъ отъ сѣти, еюже змій запятъ ны страстьми плотскими, и блуднымъ наважденіемъ, и злымъ уныніемъ, вопіющыя Ти: Аллилуіа.

Икосъ 5.

Видѣвше отроцы Еврейстіи во образѣ человѣчестѣмъ Создавшаго рукою человѣка, и Владыку разумѣвше Его, потщашася вѣтвьми угодити Ему, осанна вопіюще. Мы же пѣснь приносимъ Ти, глаголюще: Iисусе, Боже истинный: Iисусе, Сыне Давидовъ. Iисусе, Царю преславный: Iисусе, Агнче непорочный. Iисусе, Пастырю предивный: Iисусе, хранителю во младости моей. Iисусе, кормителю во юности моей: Iисусе, похвало въ старости моей. Iисусе, надеждо въ смерти моей: Iисусе, животе по смерти моей. Iисусе, утѣшеніе мое на судѣ Твоемъ: Iисусе, желаніе мое, не посрами мене тогда. Iисусе Сыне Божій, помилуй мя.

Кондакъ 6.

Проповѣдникъ Богоносныхъ вѣщаніе и глаголы исполняя, Іисусе, на земли явлься, и съ человѣки Невмѣстимый пожилъ еси: и болѣзни наша подъялъ еси: отнюдуже ранами Твоими мы исцѣлѣвше, пѣти навыкохомъ: Аллилуіа.

Икосъ 6.

Возсія вселеннѣй просвѣщеніе истины Твоея, и отгнася лесть бѣсовская: идоли бо, Спасе нашъ, не терпяще Твоея крѣпости, падоша: мы же, спасеніе получивше, вопіемъ Ти: Іисусе, истино, лесть отгонящая: Іисусе, свѣте, превышшій всѣхъ свѣтлостей. Іисусе Царю, премогаяй всѣхъ крѣпости: Іисусе Боже, пребываяй въ милости. Іисусе, хлѣбе животный, насыти мя алчущаго: Іисусе, источниче разума, напой мя жаждущаго. Іисусе, одеждо веселія, одѣй мя тлѣннаго: Іисусе, покрове радости, покрый мя недостойнаго. Іисусе, подателю просящымъ, даждь ми плачь за грѣхи моя: Іисусе, обрѣтеніе ищущихъ, обрящи душу мою. Іисусе, отверзителю толкущымъ, отверзи сердце мое окаянное: Іисусе, искупителю грѣшныхъ, очисти беззаконія моя. Іисусе Сыне Божій, помилуй мя.

Кондакъ 7.

Хотя сокровенную тайну отъ вѣка открыти, яко овча на заколеніе веденъ былъ еси, Іисусе, и яко агнецъ прямо стригущаго его безгласенъ, и яко Богъ изъ мертвыхъ воскреслъ еси, и со славою на небеса вознеслся еси, и насъ совоздвиглъ еси, зовущихъ: Аллилуіа.

Икосъ 7.

Дивную показа тварь являйся Творецъ намъ: безъ сѣмене отъ Дѣвы воплотися, изъ гроба, печати не рушивъ, воскресе, и ко Апостоломъ дверемъ затвореннымъ съ плотію вниде. Тѣмже чудящеся, воспоимъ: Іисусе, Слове необъименный: Іисусе, Слове несоглядаемый. Іисусе, сило непостижимая: Іисусе, мудросте недомыслимая. Іисусе, Божество неописанное: Іисусе, господство неизчетное. Іисусе, царство непобѣдимое: Іисусе, владычество безконечное. Іисусе, крѣпосте высочайшая: Іисусе, власте вѣчная. Іисусе, Творче мой, ущедри мя: Іисусе, Спасе мой, спаси мя. Іисусе Сыне Божій, помилуй мя.

Кондакъ 8.

Странно Бога вочеловѣчшася видяще, устранимся суетнаго міра, и умъ на Божественная возложимъ: сего бо ради Богъ на землю сниде, да насъ на небеса возведетъ, вопіющихъ Ему: Аллилуіа.

Икосъ 8.

Весь бѣ въ нижнихъ, и вышнихъ никакоже отступи Неизчетный, егда волею насъ ради пострада, и смертію Своею нашу смерть умертви, и воскресеніемъ животъ дарова, поющымъ: Іисусе, сладосте сердечная: Іисусе, крѣпосте тѣлесная. Іисусе, свѣтлосте душевная: Іисусе, быстрото умная. Іисусе, радосте совѣстная: Iисусе, надеждо извѣстная. Iисусе, памяте предвѣчная: Iисусе похвало высокая. Iисусе, славо моя превознесенная: Iисусе, желаніе мое, не отрини мене. Iисусе, Пастырю мой, взыщи мене: Iисусе, Спасе мой, спаси мене. Iисусе Сыне Божій, помилуй мя.

Кондакъ 9.

Все естество Ангельское безпрестанни славитъ Пресвятое имя Твое, Iисусе, на небеси, Святъ, Святъ, Святъ вопіюще: мы же грѣшніи на земли, бренными устнами вопіемъ: Аллилуіа.

Икосъ 9.

Вѣтія многовѣщанныя, якоже рыбы безгласныя видимъ о Тебѣ, Iисусе Спасе нашъ: недоумѣютъ бо глаголати, како Богъ непреложный, и человѣкъ совершенный пребываеши: мы же таинству дивящеся, вопіемъ вѣрно: Iисусе, Боже предвѣчный: Iисусе, Царю царствующихъ. Iисусе, Владыко владѣющихъ: Iисусе, Судіе живыхъ и мертвыхъ. Iису-

се, надеждо ненадежныхъ: Iисусе, утѣ-
шеніе плачущихъ. Iисусе, славо ни-
щихъ: Iисусе, не осуди мя по дѣломъ
моимъ. Iисусе, очисти мя по милости
Твоей: Iисусе, отжени отъ мене уныніе.
Iисусе, просвѣти моя мысли сердечныя:
Iисусе, даждь ми память смертную. Iису-
се Сыне Божій, помилуй мя.

Кондакъ 10.

Спасти хотя міръ, Восточе востоковъ,
къ темному западу, естеству нашему
пришедъ, смирился еси до смерти: тѣм-
же превознесеся имя Твое паче всякаго
имене, и отъ всѣхъ колѣнъ небесныхъ
и земныхъ слышиши: Аллилуіа.

Икосъ 10.

Царю превѣчный, Утѣшителю Хри-
сте истинный, очисти ны отъ всякія
скверны, якоже очистилъ еси десять
прокаженныхъ: и исцѣли ны, якоже
исцѣлилъ еси сребролюбивую душу
Закхеа мытаря, да вопіемъ Ти во уми-
леніи, зовуще: Iисусе, сокровище не-

тлѣнное: Іисусе, богатство неистощимое. Іисусе, пище крѣпкая: Іисусе, питіе неисчерпаемое. Іисусе, нищихъ одѣяніе: Іисусе, вдовъ заступленіе. Іисусе, сирыхъ защитниче: Іисусе, труждающихся помоще. Іисусе, странныхъ наставниче: Іисусе, плавающихъ кормчій. Іисусе, бурныхъ отишіе: Іисусе Боже, воздвигни мя падшаго. Іисусе Сыне Божій, помилуй мя.

Кондакъ 11.

Пѣніе всеумиленное приношу Ти недостойный, вопію Ти яко Хананеа: Іисусе, помилуй мя: не дщерь бо, но плоть имамъ страстьми лютѣ бѣсящуюся, и яростію палимую, и исцѣленіе даждь вопіющу Ти: Аллилуіа.

Икосъ 11.

Свѣтоподательна свѣтильника сущымъ во тьмѣ неразумія, прежде гоняй Тя Павелъ, Богоразумнаго гласа силу внуши, и душевную быстроту уясни: сице и мене темныя зѣницы душевныя просвѣти, зовуща: Іисусе, Царю мой прекрѣпкій: Іисусе, Боже мой пресильный. Іисусе, Господи мой пребезсмертный: Іисусе, Создателю мой преславный. Іисусе, наставниче мой предобрый: Іисусе, пастырю мой прещедрый. Іисусе, Владыко мой премилостивый: Іисусе, Спасе мой премилосердый. Іисусе, просвѣти моя чувствія, потемненныя страстьми: Іисусе, исцѣли мое тѣло, острупленное грѣхми. Іисусе, очисти мой умъ отъ помысловъ суетныхъ: Іисусе, сохрани сердце мое отъ похотей лукавыхъ. Іисусе Сыне Божій, помилуй мя.

Кондакъ 12.

Благодать подаждь ми, всѣхъ долговъ рѣшителю Іисусе, и пріими мя кающася, якоже пріялъ еси Петра отвергшагося Тебе, и призови мя унывающаго, якоже древле Павла гоняща Тя, и услыши мя вопіюща Ти: Аллилуіа.

Икосъ 12.

Поюще Твое вочеловѣченіе, восхваляемъ Тя вси, и вѣруемъ со Ѳомою, яко Господь и Богъ еси, сѣдяй со Отцемъ, и хотяй судити живымъ и мертвымъ. Тогда убо сподоби мя деснаго стоянія, вопіющаго: Іисусе, Царю предвѣчный, помилуй мя: Іисусе, цвѣте благовонный, облагоухай мя. Іисусе, теплото любимая, огрѣй мя: Іисусе, храме предвѣчный, покрый мя. Іисусе, одеждо свѣтлая, украси мя: Іисусе, бисере честный, осіяй мя. Іисусе, каменю драгій, просвѣти мя: Іисусе, солнце правды, освѣти мя. Іисусе, свѣте святый, облистай мя: Іисусе, болѣзни душевныя и тѣлесныя избави мя. Іисусе, изъ руки сопротивныя изми мя: Іисусе, огня неугасимаго, и прочихъ вѣчныхъ мукъ свободи мя. Іисусе Сыне Божій, помилуй мя.

Кондакъ 13.

О пресладкій и всещедрый Іисусе, пріими нынѣ малое моленіе сіе наше, якоже пріялъ еси вдовицы двѣ лептѣ: и сохрани достояніе Твое отъ врагъ видимыхъ и невидимыхъ, отъ нашествія иноплеменникъ, отъ недуга и глада, отъ всякія скорби, и смертоносныя раны и грядущія изми муки всѣхъ, вопіющихъ Ти: Аллилуіа.

Сей кондакъ глаголи трижды.

И паки икосъ 1.

Ангеловъ Творче, и Господи силъ, отверзи ми недоумѣнный умъ и языкъ, на похвалу Пречистаго Твоего имене, якоже глухому и гугнивому древле слухъ и языкъ отверзлъ еси, и глаголаше зовый таковая: Іисусе пречудный, Ангеловъ удивленіе: Іисусе пресильный, прародителей избавленіе. Іисусе пресладкій, патріарховъ величаніе: Іисусе преславный, царей укрѣпленіе. Іисусе прелюбимый, пророковъ исполненіе: Іисусе предивный, мучениковъ крѣпосте. Іисусе претихій, монаховъ радосте: Іисусе премилостивый, пресвитеровъ сладосте. Іисусе премилосердый, постниковъ воздержаніе: Іисусе пресладост-

ный, преподобныхъ радованіе. Іисусе
пречестный, дѣвственныхъ цѣломудріе:
Іисусе предвѣчный, грѣшниковъ спасе-
ніе. Іисусе Сыне Божій, помилуй мя.

Кондакъ 1.

Возбранный Воеводо и Господи, ада
побѣдителю, яко избавлься отъ вѣчныя
смерти, похвальная восписую Ти, созда-
ніе и рабъ Твой: но яко имѣяй милосер-
діе неизреченное, отъ всякихъ мя бѣдъ
свободи, зовуща: Іисусе Сыне Божій,
помилуй мя.

Молитва ко Господу нашему Іисусу Христу.

Тебѣ, Господи, единому благому и
непамятозлобному, исповѣдаю грѣхи
моя, Тебѣ припадаю вопія недостойный:
согрѣшихъ, Господи, согрѣшихъ, и
нѣсмь достоинъ воззрѣти на высоту не-
бесную, отъ множества неправдъ моихъ.
Но, Господи мой, Господи, даруй ми
слезы умиленія, единый Блаже и ми-
лостивый, яко да ими Тя умолю, очисти-

тися ми прежде конца отъ всякаго грѣха: страшно бо и грозно мѣсто имамъ проити, тѣла разлучився, и множество мя мрачное и безчеловѣчное демоновъ срящетъ, и никтоже въ помощь спутствуяй, или избавляяй: тѣмъ припадаю Твоей благости, не предаждь обидящымъ мя, ниже да похвалятся о мнѣ врази мои, благій Господи, ниже да рекутъ: въ руки наша пришелъ еси, и намъ преданъ еси. Ни, Господи, не забуди щедротъ Твоихъ, и не воздаждь ми по беззаконіемъ моимъ, и не отврати лица Твоего отъ мене: но Ты, Господи, накажи мя, обаче милостію и щедротами, врагъ же мой да не возрадуется о мнѣ, но угаси его на мя прещенія, и все упраздни его дѣйство. И даждь ми къ Тебѣ путь неукорный, благій Господи, занеже и согрѣшивъ не прибѣгохъ ко иному врачу, и не прострохъ руки моея къ богу чуждему. Не отрини убо моленія моего, но услыши мя Твоею благостію, и утверди мое сердце страхомъ Твоимъ: и да будетъ благодать Твоя на мнѣ, Господи, яко огнь попаляяй нечистыя во мнѣ помыслы, Ты бо еси, Господи, свѣтъ, паче всякаго свѣта: радость, паче всякія радости: упокоеніе, паче всякаго упокоенія: жизнь истинная, и спасеніе пребывающее во вѣки вѣковъ. Аминь.

Канонъ покаянный
ко Господу нашему Іисусу Христу.

Гласъ 6-й. Пѣснь 1.

Ирмосъ: Помощникъ и покровитель бысть мнѣ во спасеніе, сей мой Богъ, и прославлю Его, Богъ отца моего, и вознесу Его: славно бо прославися.

Помилуй мя, Боже, помилуй мя.

Избавителю мой Іисусе, якоже избавилъ еси многихъ прегрѣшеній блудницу, иногда покаявшуюся добрѣ: молюся Ти, и мене избави безчисленныхъ золъ моихъ яко милостивъ.

Помилуй мя, Боже, помилуй мя.

Плавая въ суетнѣмъ помышленіи житія, Іисусе, лютую сію пучину, во истопленія впадохъ многая, отъ нихже избавивъ спаси мя.

Пресвятая Богородице, спаси насъ.

Явилася еси врата Живота, смерти

врата затворши рождествомъ Твоимъ, Чистая: явилася еси земля избранная, Еюже вознесеся отъ земли на небеса человѣческое смѣшеніе.

Пѣснь 3.

Ирмосъ: Утверди, Господи, на камени заповѣдей Твоихъ, подвигшееся сердце мое, яко единъ святъ еси и Господь.

Милостивнымъ Твоимъ окомъ призри на мя, егда хощу предъ Тобою предстати, и судитися едине Благопремѣнителю Господи.

Воздыхающа мя пріими, якоже мытаря изъ глубины душевныя, и покаяніе ми даруй, Спасе, грѣха всякаго мя избавляющее.

Богородиченъ: Зачала еси, Пресвятая, Содержащаго весь міръ: сего ради молюся Ти, избави мя всякаго содержащаго мученія.

Пѣснь 4.

Ирмосъ: Услыша пророкъ пришествіе Твое, Господи, и убояся, яко хощеши отъ Дѣвы родитися, и человѣкомъ явитися, и глаголаше: услышахъ слухъ Твой, и убояхся: слава силѣ Твоей, Господи.

Токи слезъ даждь ми изсушающыя страстей моихъ источники, и грѣха всякаго тименія отмывающыя, Щедре, Многомилостиве, и угашающыя огня геенскаго вѣчнующій пламень неугасимый.

Непрестанно чешу струпы души моея сластолюбіемъ, и пребываю неисцѣленъ, въ чувство самъ пріити не хотя, кто буду? и что сотворю? Христе щедрый, исцѣливъ спаси мя.

Богородиченъ: Седмосвѣтлый Тя свѣщникъ, огнь богоразумія носящъ, Отроковице, пророкъ древле провидѣ, свѣтящъ во тмѣ невѣдѣнія бѣдствующымъ; тѣмже вопію Ти, Всенепорочная: просвѣти мя, молюся.

Пѣснь 5.

Ирмосъ: Отъ нощи утренююща, Человѣколюбче, просвѣти молюся, и настави и мене на повелѣнія Твоя, и научи мя, Спасе, творити волю Твою.

Се иже талантъ Твой сокрывый, Христе, лѣнивый рабъ Твой, и упразднивыйся лукавыми страстей дѣянїи, азъ есмь: тѣмже не посли мене во огнь.

Твой сынъ бывъ благодатїю, благоутробне Христе, поработихся врагу, и отъ Тебе удалихся живъ блудно; тѣмже обративъ мя спаси.

Богородиченъ: Врата непроходимая, отверзи ми врата, молюся, покаянїя истиннаго: и покажи ми стезю покаянїя, Чистая, всѣхъ Наставнице.

Пѣснь 6.

Ирмосъ: Возопихъ всѣмъ сердцемъ моимъ къ щедрому Богу, и услыша мя отъ ада преисподняго, и возведе отъ тли животъ мой.

Не покажи мене бѣсомъ обрадованіе въ день страшный, Христе Іисусе: да не услышу тогда гласа отсылающаго во огнь геенскій.

Погрузи мя во глубинѣ прегрѣшенїй, иже праведныхъ врагъ: и къ щедротъ Твоихъ притекаю пучинѣ, Іисусе, къ пристанищу жизни нынѣ направи мя.

Богородиченъ: Храмъ Богу явилася еси, Всенепорочная, въ оньже вселився священнѣ, человѣческое существо обожи, сотворилъ есть вѣрныхъ храмы Себѣ.

Пѣснь 7.

Ирмосъ: Согрѣшихомъ, беззаконновахомъ, неправдовахомъ предъ Тобою, ниже соблюдохомъ, ниже сотворихомъ, якоже заповѣдалъ еси намъ: но не предаждь насъ до конца, отцевъ Боже.

Взираю на милость Твою безмѣрную, безмѣрно согрѣшивый, вѣмъ Твое милосердіе, вѣмъ долготерпѣніе и незлобіе: покаянія ми даруй плоды, щедрый Христе, и спаси мя.

Уврачуй, Щедре, сердца моего неисцѣльныя страсти, даруй отсѣченіе долговъ моихъ, тяжкое бремя облегчи: да во умиленіи Тя славлю присно отцевъ Бога.

Богородиченъ: Прозябла еси безъ сѣмене, Егоже роди Отецъ нетлѣнно, пребыла еси по рождествѣ Дѣва, якоже и прежде рождества; тѣмже ублажаема еси, и прославляема, Пречистая, непрестанно, яко Мати сущи Божія.

Пѣснь 8.

И р м о с ъ : Егоже воинства небесная славятъ, и трепещутъ херувими и серафими, всяко дыханіе и тварь, пойте, благословите, и превозносите во вся вѣки.

Взираю на великую милость щедротъ Твоихъ, Христе, якоже Давидъ, согрѣшивъ паче онаго, и зову со онѣмъ: едине Милостиве, помилуй мя вскорѣ.

Конецъ благъ быти ми молюся, положити же лукавымъ дѣяніемъ когда конецъ не усердствую, ожесточенное имѣя мое сердце: ущедри мя, Божій Слове.

Богородиченъ: Нова намъ Младенца родила еси Ветхаго деньми, новыя на земли стези показующаго, и обетшавшее естество обновляюща, Безневѣстная Благословенная.

Пѣснь 9.

Ирмосъ: Безсѣменнаго зачатія рождество несказанное, Матере безмужныя нетлѣненъ Плодъ: Божіе бо рожденіе обновляетъ естества; тѣмже Тя вси роди, яко Богоневѣстную Матерь, православно величаемъ.

Іисусе Человѣколюбче, едине немощь нашу вѣдый: въ сію бо облеклся еси милосердія ради, хотя сію очистити: тѣмже скверны лукавыя, и гноенія золъ моихъ очисти, и спаси мя.

Яко блудница слезы приношу Ти, Человѣколюбче: яко мытарь стеня взываю Ти: очисти, и спаси мя, якоже хананеа вопію: помилуй мя, якоже Петра покаявшася, прощенія сподоби.

Богородиченъ: Гласъ Ти приносимъ архангеловъ Всечистая, Благословенная: радуйся, вмѣстившая Бога невмѣстимаго: радуйся, клятвы разрѣшеніе, и благословенія введеніе: радуйся, едина райскую дверь отверзшая.

Другій Канонъ покаянный
ко Господу нашему Іисусу Христу.

Гласъ 6. Пѣснь 1.

И р м о с ъ : Яко по суху пѣшешествовавъ Израиль, по безднѣ стопами, гонителя фараона видя потопляема, Богу побѣдную пѣснь поимъ, вопіяше.

Помилуй мя, Боже, помилуй мя.

Нынѣ приступихъ азъ грѣшный и обремененный къ Тебѣ Владыцѣ и Богу моему: не смѣю же взирати на небо, токмо молюся глаголя: даждь ми, Господи, умъ, да плачуся дѣлъ моихъ горько.

Помилуй мя, Боже, помилуй мя.

О, горе мнѣ грѣшному! паче всѣхъ человѣкъ окаяненъ есмь, покаянія нѣсть во мнѣ: даждь ми, Господи, слезы, да плачуся дѣлъ моихъ горько.

Слава: Безумне, окаянне человѣче, въ лѣности время губиши: помысли житіе твое, и обратися ко Господу Богу, и плачися о дѣлѣхъ твоихъ горько.

И нынѣ: Мати Божія Пречистая, воззри на мя грѣшнаго, и отъ сѣти діаволи избави мя, и на путь покаянія настави мя, да плачуся дѣлъ моихъ горько.

Пѣснь 3.

Ирмосъ: Нѣсть святъ, якоже Ты, Господи Боже мой, вознесый рогъ вѣрныхъ Твоихъ, Блаже, и утвердивый насъ на камени исповѣданія Твоего.

Внегда поставлени будутъ престоли на судищи страшнѣмъ, тогда всѣхъ человѣкъ дѣла обличатся, горе тамо будетъ грѣшнымъ въ муку отсылаемымъ: и то вѣдущи, душе моя, покайся отъ злыхъ дѣлъ твоихъ.

Праведницы возрадуются, а грѣшніи восплачутся, тогда никтоже возможетъ помощи намъ, но дѣла наша осудятъ насъ: тѣмже прежде конца покайся отъ злыхъ дѣлъ твоихъ.

Слава: Увы мнѣ великогрѣшному, иже дѣлы и мысльми осквернився, ни капли слезъ имѣю отъ жестосердія: нынѣ возникни отъ земли, душе моя, и покайся отъ злыхъ дѣлъ твоихъ.

И нынѣ: Се взываетъ, Госпоже, Сынъ Твой и поучаетъ насъ на доброе, азъ же грѣшный добра всегда бѣгаю: но Ты, Милостивая, помилуй мя, да покаюся отъ злыхъ моихъ дѣлъ.

Сѣдаленъ, гласъ 6:

Помышляю день страшный и плачуся дѣяній моихъ лукавыхъ: како отвѣщаю безсмертному Царю? или коимъ дерзновеніемъ воззрю на Судію блудный азъ? благоутробный Отче, Сыне Единородный и Душе Святый, помилуй мя.

Слава, и нынѣ: Богородиченъ:

Связанъ многими нынѣ пленицами грѣховъ и содержимь лютыми страстьми и бѣдами, къ Тебѣ прибѣгаю, моему спасенію, и вопію: помози ми, Дѣво, Мати Божія.

Пѣснь 4.

Ирмосъ: Христосъ моя сила, Богъ и Господь, честная Церковь боголѣпно поетъ взывающи, отъ смысла чиста, о Господѣ празднующи.

Широкъ путь здѣ и угодный сласти творити, но горько будетъ въ послѣдній день, егда душа отъ тѣла разлучатися будетъ: блюдися отъ сихъ, человѣче, Царствія ради Божія.

Почто убогаго обидиши, мзду наемничу удержуеши, брата твоего не любиши, блудъ и гордость гониши? остави убо сія, душе моя, и покайся Царствія ради Божія.

Слава: О, безумный человѣче! доколѣ углѣбаеши, яко пчела, собираяй богатство твое? вскорѣ бо погибнетъ яко прахъ и пепелъ: но болѣе взыщи Царствія Божія.

И нынѣ: Госпоже Богородице, помилуй мя грѣшнаго и въ добродѣтели укрѣпи и соблюди мя, да наглая смерть не похититъ мя неготоваго, и доведи мя, Дѣво, Царствія Божія.

Пѣснь 5.

Ирмосъ: Божіимъ свѣтомъ Твоимъ, Блаже, утренюющихъ Ти души любовію озари, молюся: Тя вѣдѣти, Слове Божій, истиннаго Бога, отъ мрака грѣховнаго взывающа.

Воспомяни, окаянный человѣче, како лжамъ, клеветамъ, разбою, немощемъ, лютымъ звѣремъ, грѣховъ ради порабощенъ еси: душе моя грѣшная, того ли восхотѣла еси?

Трепещутъ ми уды, всѣми бо сотворихъ вину: очима взираяй, ушима слышай, языкомъ злая глаголяй, всего себе гееннѣ предаяй: душе моя грѣшная, сего ли восхотѣла еси?

Слава: Блудника и разбойника кающихся пріялъ еси, Спасе: азъ же единъ лѣностію грѣховною отягчихся и злымъ дѣломъ поработихся: душе моя грѣшная, сего ли восхотѣла еси?

И нынѣ: Дивная и скорая помощнице всѣмъ человѣкомъ, Мати Божія, помози мнѣ недостойному, душа бо моя грѣшная того восхотѣ.

Пѣснь 6.

Ирмосъ: Житейское море воздвизаемое зря напастей бурею, къ тихому пристанищу Твоему притекъ, вопію Ти: возведи отъ тли животъ мой, Многомилостиве.

Житіе на земли блудно пожихъ и душу во тьму предахъ, нынѣ убо молю Тя, Милостивый Владыко: свободи мя отъ работы сея вражія и даждь ми разумъ творити волю Твою.

Кто творитъ таковая якоже азъ? якоже бо свинія лежитъ въ калу, тако и азъ грѣху служу: но Ты, Господи, исторгни мя отъ гнуса сего и даждь ми сердце творити заповѣди Твоя.

Слава: Воспряни, окаянный человѣче, къ Богу, воспомянувъ своя согрѣшенія, припадая ко Творцу, слезя и стеня: Той же яко милосердъ, дастъ ти умъ знати волю Свою.

И нынѣ: Богородице Дѣво, отъ видимаго и невидимаго зла сохрани мя, Пречистая, и пріими молитвы моя и донеси я Сыну Твоему, да дастъ ми умъ творити волю Его.

Кондакъ:

Душе моя, почто грѣхами богатѣеши? почто волю діаволю твориши? въ чесомъ надежду полагаеши? престани отъ сихъ и обратися къ Богу съ плачемъ, зовущи: милосерде Господи, помилуй мя грѣшнаго.

Икосъ:

Помысли, душе моя, горькій часъ смерти и страшный судъ Творца твоего и Бога: Ангели бо грозніи поймутъ тя, душе, и въ вѣчный огнь введутъ: убо прежде смерти покайся, вопіющи: Господи, помилуй мя грѣшнаго.

Пѣснь 7.

Ирмосъ: Росодательну убо пещь содѣла Ангелъ преподобнымъ отрокомъ, Халдеи же опаляющее велѣніе Божіе, мучителя увѣща вопити: благословенъ еси, Боже отецъ нашихъ.

Не надѣйся, душе моя, на тлѣнное богатство и на неправедное собраніе, вся бо сія не вѣси, кому оставиши, но возопій: помилуй мя, Христе Боже, недостойнаго.

Не уповай, душе моя, на тѣлесное здравіе и на скоромимоходящую красоту: видиши бо, яко сильніи и младіи умираютъ, но возопій: помилуй мя, Христе Боже, недостойнаго.

Слава: Воспомяни, душе моя, вѣчное житіе, Царство Небесное, уготованное святымъ, и тьму кромѣшную и гнѣвъ Божій злымъ, и возопій: помилуй мя, Христе Боже, недостойнаго.

И нынѣ: Припади, душе моя, къ Божіей Матери и помолися Той: есть бо скорая помощница кающимся, умолитъ Сына Христа Бога, и помилуетъ мя недостойнаго.

Пѣснь 8.

Ирмосъ: Изъ пламене преподобнымъ росу источилъ еси и праведнаго жертву водою попалилъ еси: вся бо твориши, Христе, токмо еже хотѣти: Тя превозносимъ во вся вѣки.

Како не имамъ плакатися, егда помышляю смерть? видѣхъ бо во гробѣ брата моего, безславна и безобразна, что убо чаю? и на что надѣюся? токмо даждь ми, Господи, прежде конца покаяніе.

Дважды.

Слава: Вѣрую, яко пріидеши судити живыхъ и мертвыхъ, и вси во своемъ чину станутъ, старіи и младіи, владыки и князи, дѣвы и священницы: гдѣ обрящуся азъ? сего ради вопію: даждь ми, Господи, прежде конца покаяніе.

И нынѣ: Пречистая Богородице, пріими недостойную молитву мою и сохрани мя отъ наглыя смерти, и даруй ми прежде конца покаяніе.

Пѣснь 9.

Ирмосъ: Бога человѣкомъ невозможно видѣти, на Негоже не смѣютъ чини Ангельстіи взирати: Тобою же, Всечистая, явися человѣкомъ Слово воплощенно, Егоже величающе, съ небесными вои Тя ублажаемъ.

Нынѣ къ вамъ прибѣгаю, Ангели, Архангели и вся небесныя силы, у Престола Божія стоящіи, молитеся ко Творцу своему, да избавитъ душу мою отъ муки вѣчныя.

Нынѣ плачуся къ вамъ, святіи патріарси, царіе и пророцы, апостоли и святителіе и вси избранніи Христовы: помозите ми на судѣ, да спасетъ душу мою отъ силы вражія.

Слава: Нынѣ къ вамъ воздѣжу руцѣ, святіи мученицы, пустынницы, дѣвственницы, праведницы и вси святіи, молящіися ко Господу за весь міръ, да помилуетъ мя въ часъ смерти моея.

И нынѣ: Мати Божія, помози ми на Тя сильнѣ надѣющемуся, умоли Сына Своего, да поставитъ мя недостойнаго одесную Себе, егда сядетъ судяй живыхъ и мертвыхъ. Аминь.

Молитва по канонѣ:

Владыко Христе Боже, Иже страстьми Своими страсти моя исцѣливый и язвами Своими язвы моя уврачевавый, даруй мнѣ, много Тебѣ прегрѣшившему, слезы умиленія: сраствори моему тѣлу отъ обонянія животворящаго Тѣла Твоего, и наслади душу мою Твоею честною Кровію отъ горести, еюже мя сопротивникъ напои: возвыси мой умъ къ Тебѣ, долу поникшій, и возведи отъ пропасти погибели: яко не имамъ покаянія, не имамъ умиленія, не имамъ слезы утѣшительныя, возводящія чада ко своему наслѣдію. Омрачихся умомъ въ житейскихъ страстехъ, не могу воззрѣти къ Тебѣ въ болѣзни, не могу согрѣтися слезами яже къ Тебѣ любве. Но, Владыко Господи, Іисусе Христе, Сокровище благихъ, даруй мнѣ покаяніе всецѣлое и сердце люботрудное во взысканіе Твое, даруй мнѣ благодать Твою и обнови во мнѣ зраки Твоего образа. Оставихъ Тя, не остави мене: изыди на взысканіе мое: возведи къ пажити Твоей и сопричти мя овцамъ избраннаго Твоего стада: воспитай мя съ ними отъ злака Божественныхъ Твоихъ Таинствъ, молитвами Пречистыя Твоея Матере и всѣхъ святыхъ Твоихъ. Аминь.

Канонъ молебный
ко Пресвятѣй Богородицѣ,

поемый во всякой скорби душевнѣй и обстояніи.
Тропарь, гласъ 4-й.

Къ Богородицѣ прилѣжно нынѣ притецемъ, грѣшніи и смиренніи, и припадемъ въ покаяніи зовуще изъ глубины души: Владычице, помози на ны милосердовавши, потщися, погибаемъ отъ множества прегрѣшеній: не отврати Твоя рабы тщы, Тя бо и едину надежду имамы. *(Дважды)*.

Слава, и нынѣ:

Не умолчимъ никогда, Богородице, силы Твоя глаголати недостойніи: аще бо Ты не бы предстояла молящи, кто бы насъ избавилъ отъ толикихъ бѣдъ? кто же бы сохранилъ донынѣ свободны? Не отступимъ, Владычице, отъ Тебе: Твоя бо рабы спасаеши присно отъ всякихъ лютыхъ.

Канонъ, гласъ 8-й. Пѣснь 1.

Ирмосъ: Воду прошедъ яко сушу, и египетскаго зла избѣжавъ, израильтянинъ вопіяше: Избавителю и Богу нашему поимъ.

Пресвятая Богородице, спаси насъ.

Многими содержимь напастьми, къ Тебѣ прибѣгаю, спасенія искій: о Мати Слова и Дѣво! отъ тяжкихъ и лютыхъ мя спаси.

Страстей мя смущаютъ прилози, многаго унынія исполнити мою душу: умири, Отроковице, тишиною Сына и Бога Твоего, Всенепорочная.

Слава Отцу, и Сыну, и Святому Духу.

Спаса рождшую Тя и Бога молю, Дѣво, избавитися ми лютыхъ: къ Тебѣ бо нынѣ прибѣгая, простираю и душу и помышленіе.

И нынѣ и присно и во вѣки вѣковъ, аминь.

Недугующа тѣломъ и душею, посѣщенія Божественнаго, и промышленія отъ Тебе сподоби, едина Богомати, яко благая, Благаго же Родительница.

Пѣснь 3.

Ирмосъ: Небеснаго круга Верхотворче Господи, и Церкве Зиждителю, Ты мене утверди въ любви Твоей, желаній краю, вѣрныхъ утвержденіе, едине Человѣколюбче.

Предстательство и покровъ жизни моея полагаю Тя, Богородительнице Дѣво, Ты мя окорми ко пристанищу Твоему, благихъ виновна, вѣрныхъ утвержденіе, едина Всепѣтая.

Молю, Дѣво, душевное смущеніе, и печали моея бурю разорити: Ты бо, Богоневѣстная, начальника тишины Христа родила еси, едина Пречистая.

Слава: Благодѣтеля рождши, добрыхъ виновнаго, благодѣянія богатство всѣмъ источи: вся бо можеши, яко сильнаго въ крѣпости Христа рождши, Богоблаженная.

И нынѣ: Лютыми недуги и болѣзненными страстьми истязаему, Дѣво, Ты ми помози: исцѣленій бо неоскудное Тя знаю сокровище, Пренепорочная, неиждиваемое.

Сѣдаленъ, гласъ 2-й.

Моленіе теплое, и стѣна необоримая, милости источниче, мірови прибѣжище, прилѣжно вопіемъ Ти: Богородице Владычице, предвари, и отъ бѣдъ избави насъ, едина вскорѣ предстательствующая.

Пѣснь 4.

Ирмосъ: Услышахъ, Господи, смотренія Твоего таинство, разумѣхъ дѣла Твоя, прославихъ Твое Божество.

Страстей моихъ смущеніе, кормчію рождшая Господа, и бурю утиши моихъ прегрѣшеній, Богоневѣстная.

Милосердія Твоего бездну призывающу подаждь ми, яже благосердаго рождшая, и Спаса всѣхъ поющихъ Тя.

Наслаждающеся, Пречистая, Твоихъ дарованій, благодарственное воспѣваемъ пѣніе, вѣдуще Тя Богоматерь.

Слава: На одрѣ болѣзни моея и немощи низлежащу ми, яко благолюбива, помози Богородице, едина Приснодѣво.

И нынѣ: Надежду и утвержденіе, и спасенія стѣну недвижиму имуще Тя, Всепѣтая, неудобства всякаго избавляемся.

Пѣснь 5.

Ирмосъ: Просвѣти насъ повелѣніи Твоими, Господи, и мышцею Твоею высокою, Твой миръ подаждь намъ, Человѣколюбче.

Исполни, Чистая, веселія сердце мое, Твою нетлѣнную дающи радость, веселія рождшая виновнаго.

Избави насъ отъ бѣдъ, Богородице Чистая, вѣчное рождши избавленіе, и миръ всякъ умъ преимущій.

Слава: Разрѣши мглу прегрѣшеній моихъ, Богоневѣсто, просвѣщеніемъ Твоея свѣтлости, Свѣтъ рождшая Божественный и превѣчный.

И нынѣ: Исцѣли, Чистая, души моея неможеніе, посѣщенія Твоего сподобльшая, и здравіе молитвами Твоими подаждь ми.

Пѣснь 6.

Ирмосъ: Молитву пролію ко Господу и Тому возвѣщу печали моя, яко золъ душа моя исполнися, и животъ мой аду приближися, и молюся яко Іона: отъ тли, Боже, возведи мя.

Смерти и тли яко спаслъ есть, Самъ Ся издавъ смерти, тлѣніемъ и смертію мое естество ято бывшее, Дѣво, моли Господа и Сына Твоего, враговъ злодѣйствія мя избавити.

Предстательницу Тя живота вѣмъ, и хранительницу тверду, Дѣво, и напастей рѣшащу молвы, и налоги бѣсовъ отгоняющу: и молюся всегда отъ тли страстей моихъ избавити мя.

Слава: Яко стѣну прибѣжища стяжахомъ, и душъ всесовершенное спасеніе, и пространство въ скорбехъ, Отроковице, и просвѣщеніемъ Твоимъ присно радуемся, о Владычице! и нынѣ насъ отъ страстей и бѣдъ спаси.

И нынѣ: На одрѣ нынѣ немощствуяй лежу, и нѣсть исцѣленія плоти моей, но Бога и Спаса міру, и Избавителя недуговъ рождшая, Тебѣ молюся Благой: отъ тли недугъ возстави мя.

Кондакъ, гласъ 6-й.

Предстательство христіанъ непостыдное, ходатайство ко Творцу непреложное, не презри грѣшныхъ моленій гласы, но предвари яко Благая на помощь насъ, вѣрно зовущихъ Ти: ускори на молитву, и потщися на умоленіе, предстательствующи присно, Богородице, чтущихъ Тя.

Стихира, гласъ той же.

Не ввѣри мя человѣческому предстательству, Пресвятая Владычице, но пріими моленіе раба Твоего: скорбь бо обдержитъ мя, терпѣти не могу демонскаго стрѣлянія, покрова не имамъ, ниже гдѣ прибѣгну окаянный, всегда побѣждаемь, и утѣшенія не имамъ, развѣ Тебе, Владычице міра, упованіе и предстательство вѣрныхъ, не презри моленіе мое, полезно сотвори.

Пѣснь 7.

Ирмосъ: Отъ Іудеи дошедше отроцы,

въ Вавилонѣ иногда вѣрою Троическою пламень пещный попраша, поюще: отцевъ Боже, благословенъ еси.

Наше спасеніе якоже восхотѣлъ еси, Спасе, устроити, во утробу Дѣвыя вселился еси, Юже міру предстательницу показалъ еси: отецъ нашихъ Боже, благословенъ еси.

Волителя милости, Егоже родила еси, Мати чистая, умоли избавитися отъ прегрѣшеній, и душевныхъ сквернъ, вѣрою зовущимъ: отецъ нашихъ Боже, благословенъ еси.

Слава: Сокровище спасенія, и источникъ нетлѣнія, Тя рождшую, и столпъ утвержденія, и дверь покаянія, зовущымъ показалъ еси: отецъ нашихъ Боже, благословенъ еси.

И нынѣ: Тѣлесныя слабости, и душевныя недуги, Богородительнице, любовію приступающихъ ко крову Твоему, Дѣво, исцѣлити сподоби, Спаса Христа намъ рождшая.

Пѣснь 8.

Ирмосъ: Царя Небеснаго, Егоже поютъ вои Ангельстіи, хвалите и превозносите во вся вѣки.

Помощи, яже отъ Тебе, требующыя не презри, Дѣво, поющыя и превозносящія Тя во вѣки.

Неможеніе души моея исцѣляеши, и тѣлесныя болѣзни, Дѣво: да Тя прославлю, Чистая, во вѣки.

Слава: Исцѣленій богатство изливаеши, вѣрно поющымъ Тя, Дѣво, и превозносящымъ неизреченное Твое рождество.

И нынѣ: Напастей Ты прилоги отгоняеши, и страстей находы, Дѣво: тѣмже Тя поемъ во вся вѣки.

Пѣснь 9.

Ирмосъ: Воистинну Богородицу Тя исповѣдуемъ, спасенніи Тобою, Дѣво Чистая, съ безплотными лики Тя величающе.

Тока слезъ моихъ не отвратися, Яже отъ всякаго лица всяку слезу отъемшаго, Дѣво, Христа рождшая.

Радости мое сердце исполни, Дѣво,

Яже радости пріемшая исполненіе, грѣховную печаль потребляющи.

Пристанище и предстательство къ Тебѣ прибѣгающихъ буди, Дѣво, и стѣна нерушимая, прибѣжище же и покровъ и веселіе.

Слава: Свѣта Твоего зарями просвѣти, Дѣво, мракъ невѣдѣнія отгоняющи, благовѣрно Богородицу Тя исповѣдающихъ.

И нынѣ: На мѣстѣ озлобленія немощи смирившагося, Дѣво, исцѣли, изъ нездравія во здравіе претворяющи.

Молитва ко Пресвятѣй Богородицѣ.

Царице моя преблагая, надеждо моя Богородице, пріятелище сирыхъ, и странныхъ предстательнице, скорбящихъ радосте, обидимыхъ покровительнице, зриши мою бѣду, зриши мою скорбь: помози ми яко немощну, окорми мя яко странна: обиду мою вѣси, разрѣши ту, яко волиши: яко не имамъ иныя помощи развѣ Тебе, ни иныя

предстательницы, ни благія утѣшитель-
ницы, токмо Тебе, о Богомати, яко да
сохраниши мя и покрыеши, во вѣки
вѣковъ, аминь.

Акаѳистъ ко Пресвятѣй Богородицѣ.

Кондакъ 1.

Взбранной Воеводѣ побѣдительная, яко избавльшеся отъ злыхъ, благодарственная восписуемъ Ти раби Твои, Богородице: но яко имущая державу непобѣдимую, отъ всякихъ насъ бѣдъ свободи, да зовемъ Ти: радуйся, Невѣсто Неневѣстная.

Икосъ 1.

Ангелъ предстатель съ небесе посланъ бысть рещи Богородицѣ: радуйся, и со безплотнымъ гласомъ воплощаема Тя зря, Господи, ужасашеся и стояше, зовый къ Ней таковая: Радуйся, Еюже радость возсіяетъ: радуйся, Еюже клятва изчезнетъ. Радуйся, падшаго Адама воззваніе: радуйся, слезъ Евиныхъ избавленіе. Радуйся, высото, неудобовосходимая человѣческими помыслы: радуйся, глубино неудобозримая и Ангельскима очима. Радуйся, яко еси Царево сѣдалище: радуйся, яко носиши Носящаго вся. Радуйся, звѣздо, являющая Солнце: радуйся, утробо Божественнаго воплощенія. Радуйся, Еюже обновляется тварь: радуйся, Еюже покланяемся Творцу. Радуйся, Невѣсто Неневѣстная.

Кондакъ 2.

Видящи Святая Себе въ чистотѣ, глаголетъ Гавріилу дерзостно: преславное твоего гласа, неудобопріятельно души Моей является: безсѣменнаго бо зачатія рождество како глаголеши, зовый: Аллилуіа.

Икосъ 2.

Разумъ недоразумѣваемый разумѣти Дѣва ищущи, возопи къ служащему: изъ боку чисту, Сыну како есть родитися мощно, рцы Ми? Къ Нейже онъ рече со страхомъ, обаче зовый сице:

Радуйся, совѣта неизреченнаго таинни-
це: радуйся, молчанія просящихъ вѣро.
Радуйся, чудесъ Христовыхъ начало: ра-
дуйся, велѣній Его главизно. Радуйся
лѣствице небесная, еюже сниде Богъ:
радуйся, мосте, преводяй сущихъ отъ
земли на небо. Радуйся, Ангеловъ много-
словущее чудо: радуйся, бѣсовъ много-
плачевное пораженіе. Радуйся, Свѣтъ
неизреченно родившая: радуйся, еже
како, ни единаго же научившая. Радуй-
ся, премудрыхъ превосходящая разумъ:
радуйся, вѣрныхъ озаряющая смыслы.
Радуйся, Невѣсто Неневѣстная.

Кондакъ 3.

Сила Вышняго осѣни тогда къ зача-
тію Браконеискусную, и благоплодная
Тоя ложесна, яко село показа сладкое,
всѣмъ хотящымъ жати спасеніе, внегда
пѣти сице: Аллилуіа.

Икосъ 3.

Имущи Богопріятную Дѣва утробу,
востече ко Елисавети: младенецъ же

оноя абіе познавъ сея цѣлованіе, радовашеся, и играньми яко пѣсньми вопіяше къ Богородицѣ: Радуйся, отрасли неувядаемыя розго: радуйся, плода безсмертнаго стяжаніе. Радуйся, дѣлателя дѣлающая Человѣколюбца: радуйся, Садителя жизни нашея рождшая. Радуйся, ниво, растящая многоплодіе щедротъ: радуйся, трапезо, носящая обиліе очищенія. Радуйся, яко рай пищный процвѣтаеши: радуйся, яко пристанище душамъ готовиши. Радуйся, пріятное молитвы кадило: радуйся, всего міра очищеніе. Радуйся, Божіе къ смертнымъ благоволеніе: радуйся, смертныхъ къ Богу дерзновеніе. Радуйся, Невѣсто Неневѣстная.

Кондакъ 4.

Бурю внутрь имѣя помышленій сумнительныхъ, цѣломудренный Іосифъ смятеся, къ Тебѣ зря небрачнѣй, и бракоокрадованную помышляя, Непорочная: увѣдѣвъ же Твое зачатіе отъ Духа Свята, рече: Аллилуіа.

Икосъ 4.

Слышаша пастыріе Ангеловъ, поющихъ плотское Христово пришествіе, и текше, яко къ Пастырю, видятъ Сего, яко агнца непорочна, во чревѣ Маріинѣ упасшася, Юже поюще, рѣша: Радуйся, Агнца и Пастыря Мати: радуйся, дворе словесныхъ овецъ. Радуйся, невидимыхъ враговъ мученіе: радуйся, райскихъ дверей отверзеніе. Радуйся, яко небесная срадуются земнымъ: радуйся, яко земная сликовствуютъ небеснымъ. Радуйся, Апостоловъ немолчная уста: радуйся, страстотерпцевъ непобѣдимая дерзосте. Радуйся, твердое вѣры утвержденіе: радуйся, свѣтлое благодати познаніе. Радуйся, Еюже обнажися адъ: радуйся, Еюже облекохомся славою. Радуйся, Невѣсто Неневѣстная.

Кондакъ 5.

Боготечную звѣзду узрѣвше волсви, тоя послѣдоваша зари: и яко свѣтильникъ держаще ю, тою испытаху крѣпкаго Царя: и достигше непостижимаго, возрадовашася, Ему вопіюще: Аллилуіа.

Икосъ 5.

Видѣша отроцы Халдейстіи на руку Дѣвичу Создавшаго рукама человѣки, и Владыку разумѣвающе Его, аще и рабій пріятъ зракъ, потщашася дарми послужити Ему, и возопити Благословеннѣй: Радуйся, звѣзды незаходимыя Мати: радуйся, заре таинственнаго дне. Радуйся, прелести пещь угасившая: радуйся, Троицы таинники просвѣщающая. Радуйся, мучителя безчеловѣчнаго изметающая отъ начальства: радуйся, Господа Человѣколюбца показавшая Христа. Радуйся, варварскаго избавляющая служенія: радуйся, тимѣнія изъимающая дѣлъ. Радуйся, огня поклоненіе угасившая: радуйся, пламене страстей измѣняющая. Радуйся, вѣрныхъ наставнице цѣломудрія: радуйся, всѣхъ родовъ веселіе. Радуйся, Невѣсто Неневѣстная.

Кондакъ 6.

Проповѣдницы Богоноснíи бывше волсви, возвратишася въ Вавилонъ, скончавше Твое пророчество: и проповѣдавше Тя Христа всѣмъ, оставиша Ирода яко буесловяща, не вѣдуща пѣти: Аллилуíа.

Икосъ 6.

Возсíявый во Египтѣ просвѣщенíе истины, отгналъ еси лжи тму: идоли бо его, Спасе, не терпяще Твоея крѣпости, падоша: сихъ же избавльшíися вопíяху къ Богородицѣ: Радуйся, исправленíе человѣковъ: радуйся, низпаденíе бѣсовъ. Радуйся, прелести державу поправшая: радуйся, идольскую лесть обличившая. Радуйся, море, потопившее фараона мысленнаго: радуйся, каменю, напоившíй жаждущыя жизни. Радуйся, огненный столпе, наставляяй сущыя во тмѣ: радуйся, покрове мíру, ширшíй облака. Радуйся, пище, манны прíемнице: радуйся, сладости святыя

служительнице. Радуйся, земле обѣтова-
нія: радуйся, изъ неяже течетъ медъ и
млеко. Радуйся, Невѣсто Неневѣстная.

Кондакъ 7.

Хотящу Симеону отъ нынѣшняго вѣ-
ка преставитися прелестнаго, вдался
еси яко младенецъ тому, но познался
еси ему и Богъ совершенный: тѣмже
удивися Твоей неизреченнѣй премудро-
сти, зовый: Аллилуіа.

Икосъ 7.

Новую показа тварь, явлься Зижди-
тель, намъ отъ Него бывшымъ, изъ
безсѣменныя прозябъ утробы, и сохра-
нивъ ю, якоже бѣ нетлѣнну, да чудо
видяще, воспоимъ ю, вопіюще: Радуйся,
цвѣте нетлѣнія: радуйся, вѣнче воздер-
жанія. Радуйся, воскресенія образъ об-
листающая: радуйся, Ангельское житіе
являющая. Радуйся, древо свѣтлоплодо-
витое, отъ негоже питаются вѣрніи: ра-
дуйся, древо благосѣннолиственное, им-
же покрываются мнози. Радуйся, во

чревѣ носящая Избавителя плѣненнымъ:
радуйся, рождшая Наставника заблужд-
шымъ. Радуйся, Судіи Праведнаго умо-
леніе: радуйся, многихъ согрѣшеній
прощеніе. Радуйся, одеждо нагихъ дерз-
новенія: радуйся, любы, всякое желаніе
побѣждающая. Радуйся, Невѣсто Нене-
вѣстная.

Кондакъ 8.

Странное рождество видѣвше, устра-
нимся міра, умъ на небеса преложше:
сего бо ради высокій Богъ на земли
явися смиренный человѣкъ, хотяй при-
влещи къ высотѣ, Тому вопіющыя:
Аллилуіа.

Икосъ 8.

Весь бѣ въ нижнихъ, и вышнихъ
никакоже отступи неописанное Слово:
снисхожденіе бо Божественное, не пре-
хожденіе же мѣстное бысть, и рожде-
ство отъ Дѣвы Богопріятныя, слыша-
щія сія: Радуйся, Бога невмѣстимаго
вмѣстилище: радуйся, честнаго таинства
двери. Радуйся, невѣрныхъ сумнитель-

ное слышаніе: радуйся, вѣрныхъ извѣстная похвало. Радуйся, колеснице пресвятая Сущаго на херувимѣхъ: радуйся, селеніе преславное Сущаго на серафимѣхъ. Радуйся, противная въ тожде собравшая: радуйся, дѣвство и рождество сочетавшая. Радуйся, Еюже разрѣшися преступленіе: радуйся, Еюже отверзеся рай. Радуйся, ключу Царствія Христова: радуйся, надеждо благъ вѣчныхъ. Радуйся, Невѣсто Неневѣстная.

Кондакъ 9.

Всякое естество Ангельское удивися великому Твоего вочеловѣченія дѣлу: неприступнаго бо яко Бога, зряше всѣмъ приступнаго Человѣка, намъ убо спребывающа, слышаща же отъ всѣхъ: Аллилуіа.

Икосъ 9.

Вѣтія многовѣщанныя яко рыбы безгласныя видимъ о Тебѣ, Богородице: недоумѣваютъ бо глаголати, еже како и Дѣва пребываеши, и родити возмогла еси? Мы же таинству дивящеся, вѣрно вопіемъ: Радуйся, премудрости Божія пріятелище: радуйся, промышленія Его сокровище. Радуйся, любомудрыя немудрыя являющая: радуйся, хитрословесныя безсловесныя обличающая. Радуйся, яко обуяша лютіи взыскателе: радуйся, яко увядоша баснотворцы. Радуйся, Аѳинейская плетенія растерзающая: радуйся, рыбарскія мрежи исполняющая. Радуйся, изъ глубины невѣдѣнія извлачающая: радуйся, многи въ разумѣ просвѣщающая. Радуйся, кораблю хотящихъ спастися: радуйся, пристанище житейскихъ плаваній. Радуйся, Невѣсто Неневѣстная.

Кондакъ 10.

Спасти хотя міръ, Иже всѣхъ Украситель, къ сему самообѣтованъ пріиде, и Пастырь сый яко Богъ, насъ ради явися по намъ человѣкъ: подобнымъ бо подобное призвавъ, яко Богъ слышитъ: Аллилуіа.

Икосъ 10.

Стѣна еси дѣвамъ, Богородице Дѣво, и всѣмъ къ Тебѣ прибѣгающымъ: ибо небесе и земли Творецъ устрои Тя, Пречистая, вселься во утробѣ Твоей, и вся приглашати Тебѣ научивъ: Радуйся, столпе дѣвства: радуйся, дверь спасенія. Радуйся, начальнице мысленнаго назданія: радуйся, подательнице Божественныя благости. Радуйся, Ты бо обновила еси зачатыя студно: радуйся, Ты бо наказала еси окраденныя умомъ. Радуйся, тлителя смысловъ упраждняющая: радуйся, Сѣятеля чистоты рождшая. Радуйся, чертоже безсѣменнаго уневѣщенія: радуйся, вѣрныхъ Господеви сочетавшая. Радуйся, добрая младопитательнице дѣвамъ: радуйся, невѣстокрасительнице душъ святыхъ. Радуйся, Невѣсто Неневѣстная.

Кондакъ 11.

Пѣніе всякое побѣждается, спростретися тщащееся ко множеству многихъ щедротъ Твоихъ: равночисленныя бо песка пѣсни аще приносимъ Ти, Царю Святый, ничтоже совершаемъ достойно, яже далъ еси намъ, Тебѣ вопіющымъ: Аллилуіа.

Икосъ 11.

Свѣтопріемную свѣщу, сущымъ во тмѣ явльшуюся, зримъ Святую Дѣву: невещественный бо вжигающи огнь, наставляетъ къ разуму Божественному вся, зарею умъ просвѣщающая, званіемъ же почитаемая, сими: Радуйся, луче умнаго Солнца: радуйся, свѣтило незаходимаго Свѣта. Радуйся, молніе, душы просвѣщающая: радуйся, яко громъ, враги устрашающая. Радуйся, яко многосвѣтлое возсіяваеши просвѣщеніе: радуйся, яко многотекущую источаеши рѣку. Радуйся, купѣли живописующая образъ: радуйся, грѣховную отъемлющая скверну. Радуйся, бане, омывающая совѣсть: радуйся, чаше, черплющая радость. Радуйся, обоняніе Христова благоуханія: радуйся, животе тайнаго веселія. Радуйся, Невѣсто Неневѣстная.

Кондакъ 12.

Благодать дати восхотѣвъ, долговъ древнихъ, всѣхъ долговъ Рѣшитель человѣкомъ, пріиде Собою ко отшедшымъ Того благодати: и раздравъ рукописаніе, слышитъ отъ всѣхъ сице: Аллилуіа.

Икосъ 12.

Поюще Твое рождество, хвалимъ Тя вси, яко одушевленный храмъ, Богородице: во Твоей бо вселився утробѣ, содержай вся рукою Господь, освяти, прослави и научи вопити Тебѣ всѣхъ: Радуйся, селеніе Бога и Слова: радуйся, Святая святыхъ большая. Радуйся, ковчеже позлащенный Духомъ: радуйся, сокровище живота неистощимое. Радуйся, честный вѣнче царей благочестивыхъ: радуйся, честная похвало іереевъ благоговѣйныхъ. Радуйся, Церкве непоколебимый столпе: радуйся, царствія нерушимая стѣно. Радуйся, Еюже воздвижутся побѣды: радуйся, Еюже низпадаютъ врази. Радуйся, тѣла моего врачеваніе: радуйся, души моея спасеніе. Радуйся, Невѣсто Неневѣстная.

Кондакъ 13.

О, всепѣтая Мати, рождшая всѣхъ святыхъ Святѣйшее Слово! нынѣшнее пріемши приношеніе, отъ всякія избави напасти всѣхъ, и будущія изми муки, о Тебѣ вопіющихъ: Аллилуіа.

Сей кондакъ глаголи трижды.

И паки икосъ 1.

Ангелъ предстатель съ небесе посланъ бысть рещи Богородицѣ: радуйся, и со безплотнымъ гласомъ воплощаема Тя зря, Господи, ужасашеся и стояше, зовый къ Ней таковая: Радуйся, Еюже радость возсіяетъ: радуйся, Еюже клятва изчезнетъ. Радуйся, падшаго Адама воззваніе: радуйся, слезъ Евиныхъ избавленіе. Радуйся, высото, неудобовосходимая человѣческими помыслы: радуйся, глубино, неудобозримая и Ангельскима очима. Радуйся, яко еси Царево сѣдалище: радуйся, яко носиши Носящаго вся. Радуйся, звѣздо, являющая Солнце: радуйся, утробо Божественнаго воплощенія. Радуйся, Еюже обновляется тварь: радуйся, Еюже покланяемся Творцу. Радуйся, Невѣсто Неневѣстная.

Кондакъ 1.

Взбранной Воеводѣ побѣдительная, яко избавльшеся отъ злыхъ, благодарственная восписуемъ Ти раби Твои, Богородице: но яко имущая державу непобѣдимую, отъ всякихъ насъ бѣдъ свободи, да зовемъ Ти: радуйся, Невѣсто Неневѣстная.

Молитва ко Пресвятѣй Богородицѣ.

О Пресвятая Госпоже Владычице Богородице! вышши еси всѣхъ Ангелъ и Архангелъ, и всея твари честнѣйши, помощнице еси обидимыхъ, ненадѣющихся надѣяніе, убогихъ заступнице,

печальныхъ утѣшеніе, алчущихъ корми-
тельнице, нагихъ одѣяніе, больныхъ ис-
цѣленіе, грѣшныхъ спасеніе, христіанъ
всѣхъ поможеніе и заступленіе. О все-
милостивая Госпоже, Дѣво Богородице
Владычице! милостію Твоею спаси и
помилуй святѣйшія патріархи правосла-
вныя, преосвященныя митрополиты, ар-
хіепископы и епископы, и весь священ-
ническій и иноческій чинъ, военачаль-
никовъ, градоначальниковъ и христолю-
бивое воинство, и доброхоты, и вся пра-
вославныя христіаны ризою Твоею чест-
ною защити: и умоли, Госпоже, изъ
Тебе безъ сѣмене воплотившагося Хри-
ста Бога нашего, да препояшетъ насъ
силою Своею свыше, на невидимыя и
видимыя враги нашя. О Всемилостивая
Госпоже Владычице Богородице! воз-
двигни насъ изъ глубины грѣховныя, и
избави насъ отъ глада, губительства, отъ
труса и потопа, отъ огня и меча, отъ
нахожденія иноплеменныхъ и междо-

усобныя брани, и отъ напрасныя смерти, и отъ нападенія вражія, и отъ тлетворныхъ вѣтръ, и отъ смертоносныя язвы, и отъ всякаго зла. Подаждь, Госпоже, миръ и здравіе рабомъ Твоимъ всѣмъ православнымъ христіаномъ, и просвѣти имъ умъ, и очи сердечніи, еже ко спасенію: и сподоби ны грѣшныя рабы Твоя Царствія Сына Твоего, Христа Бога нашего: яко держава Его благословена и препрославлена, со безначальнымъ Его Отцемъ, и съ Пресвятымъ, и благимъ, и животворящимъ Его Духомъ, нынѣ и присно и во вѣки вѣковъ. Аминь.

Канонъ покаянный
ко Пресвятѣй Богородицѣ.

Гласъ 6-й. Пѣснь 1.

Ирмосъ: Яко по суху пѣшешествовавъ Израиль, по безднѣ стопами, гонителя фараона видя потопляема, Богу побѣдную пѣснь поимъ, вопіяше.

Пресвятая Богородице, спаси насъ.

Пріими, Дѣво, мольбу мою изъ устъ недостойныхъ, отъ скверныхъ устенъ, дерзновенно приносити устремившагося: и свѣтъ умиленія, Чистая, озари рабу Твоему.

Пресвятая Богородице, спаси насъ.

Тучи слезъ ми подаждь Твоими молитвами, Дѣво, Мати Чистая: яко да плачу теплѣ, о ихже содѣлахъ на земли, и убѣгну Тобою муки всякія.

Слава Отцу, и Сыну, и Святому Духу.

Моего рыданія не отрини, яже Источникъ милосердія раждшая: но милостивно, Благая,, Твоимъ милостивнымъ окомъ, Богородице, души моея страсти исцѣли.

И нынѣ, и присно, и во вѣки вѣковъ, аминь.

Стенаніемъ плачися, душе моя, и себе отнюдъ рыдай, покланяющися Матери Божіи, и глаголющи: мене повиннаго избави муки страшныя.

Пѣснь 3.

Ирмосъ: Нѣсть святъ, якоже Ты, Господи Боже мой, вознесый рогъ вѣрныхъ Твоихъ, Блаже, и утвердивый насъ на камени исповѣданія Твоего.

Нѣсть инъ, якоже азъ, прегрѣшивъ, Пресвятая Чистая, порабощся злобами безмѣрныхъ помышленій: но, на Тя надѣявся, молю, сихъ мя исхити.

Се наидоша на мя, яко раны, вся вражія злобы, отяготѣвше и зѣло возсмердѣша, и душу ведутъ на всяко паденіе.

Слава: Многое множество моихъ прегрѣшеній, сего ради, Пресвятая, вѣрою припадая, вопію Ти смиренный: въ часъ страшный умолити, Егоже воплотила еси.

И нынѣ: Святая Богородице, мене, повиннаго всякому осужденію, изми, дерзновеніе къ Богу яко имущи матернее, и чертогу Сего учини мя.

Пѣснь 4.

Ирмосъ: Христосъ моя сила, Богъ и Господь, честная Церковь боголѣпно поетъ взывающи, отъ смысла чиста, о Господѣ празднующи.

Источникъ ми слезъ даруй, Владычице, яко да отмыю скверну смиренныя души моея, и обрящу доброту, юже погубихъ совѣтомъ зміинымъ.

Боже мой милосерде, Боже человѣколюбче, волителю милости, нынѣ на мя излій Твою милость: молитъ Тя надежда и заступница моя, Мати Твоя.

Слава: Мене блуднаго, мене ужаснаго, безъ ума и безстудно много согрѣшша къ Тебѣ, Пренепорочная, ущедривши спаси и геенны свободи.

И нынѣ: Пажить потреби смерти, рождши Жизнь всяческихъ; тѣмже и азъ зову Ти: согрѣшихъ, спаси мя, Чистая, матерними Твоими мольбами.

Пѣснь 5.

И р м о с ъ : Божіимъ свѣтомъ Твоимъ, Блаже, утренюющихъ Ти души любовію озари, молюся, Тя вѣдѣти, Слове Божій, истиннаго Бога, отъ мрака грѣховнаго взывающа.

Помилуй мя, Чистая, на Тя всю надежду мою возложившаго: и ущедри, вѣрою взываю Ти, презрѣвши души моея вся страсти лютыя.

Спаси мя отъ страстей, скорби, и вреда, лукавыхъ сопротивныхъ, и избави сихъ лаянія смиренную мою душу, да не рекутъ, Дѣво: укрѣпихомся нань.

Слава: Чиста тѣломъ и душею, Пречистая, явльшися, душу мою отъ скверны свободи, дая ми чисто жити, и настави творити ми Господню Божественную волю.

И нынѣ: Тя едину имамъ прибѣжище, и къ Богу премѣненіе, иже во многихъ прегрѣшеніихъ все житіе мое иждихъ; тѣмже мя, Богородице, Ты ущедри.

Пѣснь 6.

Ирмосъ: Житейское море воздвизаемое зря напастей бурею, къ тихому пристанищу Твоему притекъ, вопію Ти: возведи отъ тли животъ мой, Многомилостиве.

Исправи, Владычице, малое мое стенаніе и рукама воздѣяніе, якоже благовонну жертву, и Твой сподоби зракъ чистою совѣстію узрѣти.

Глаголъ моихъ, Владычице благая, не презри моленіе, родительнице милостиваго Бога, отъ Твоея утробы возсіявшаго: но даждь ми прежде конца Божественное оставленіе.

Слава: Преклонихся страстьми блудно преокаянный, и удалихся отъ Бога: Егоже моли спасти мя, Благая, къ Тебѣ бо прибѣгохъ, и одеждами мя предними украси.

И нынѣ: Не опали ложеснъ Твоихъ огнь сый Іисусъ, изъ Тебе плотію приходитъ: Сего, Чистая, моли, огня и всякія муки избавити вѣрою воспѣвающихъ Тя.

Господи, помилуй, *трижды.*

Слава Отцу, и Сыну, и Святому Духу, и нынѣ, и присно, и во вѣки вѣковъ. Аминь.

Сѣдаленъ, гласъ 6-й:

Чистая Дѣво и славная, Ангеловъ славо, егда предстала еси кресту Сына и Бога Твоего, не терпящи озлобленія врагъ, взывала еси, рыдающи стенаньми, едина благословенная: како терпитъ Человѣколюбецъ, сихъ всѣхъ наносимая?

Пѣснь 7.

Ирмосъ: Отроцы въ Вавилонѣ пещнаго пламене не убояшася: но посредѣ пламене ввержени, орошаеми, пояху: благословенъ еси, Господи Боже отецъ нашихъ.

Возникни, о душе моя, отъ злыхъ,

яже содѣяла еси: что спиши прочее? что сномъ унынія низлежиши? Богородицѣ возопій: Пресвятая, помози ми.

Образъ вида Твоего чту, и не смѣю воззрѣти къ Тебѣ, Пресвятая: молю пріяти долговъ прощеніе, и чисто видѣти Твою пречистую икону.

Слава: Въ Твое прибѣгаю, Богородительнице, заступленіе, и припадаю пріяти прощеніе: не презри мене, Владычице, но, ущедривъ, спаси мя.

И нынѣ: Многообразными злобами душетлѣннаго осквернихъ душу и умъ, молю Тя, Пречистая: не презри, и того искушеній исхити раба Твоего.

Пѣснь 8.

Ирмосъ: За законы отеческія блаженніи въ Вавилонѣ юноши предбѣдствующе, царюющаго оплеваша повелѣніе безумное: и совокуплени имже не сваришася огнемъ, Державствующему достойно воспѣваху пѣснь: Господа пойте дѣла и превозносите во вся вѣки.

Безмѣрно согрѣшивъ, и осквернивъ мое во грѣсѣхъ тѣло, неразумный, помышляю необыменнаго суда день, и, не-

доумѣвся, убояхся, и ужасаюся, и тре-
пещу: ко благоутробію Твоему, Владычи-
це, припадаю: не отрини мене, но виждь
мою скорбь, и избави всякаго осужденія,
мукъ многообразныхъ.

Законъ Божественный презрѣвъ, въ
лѣности весь слежу окаянный: призрѣв-
ши, Пречистая, возстави вскорѣ, и спа-
сенныхъ сотвори мя части получити, да,
радуяся, зову Ти: радуйся, радосте мі-
ру, едина предстательнице вѣрою при-
зывающымъ Твой твердый покровъ.

Слава: Увы мнѣ, душе моя, како
предстанемъ тогда во страсѣ и трепетѣ
судищу страшному, егда Ангели пред-
станутъ во страсѣ и трепетѣ? Богоро-
дицу имущи благу заступницу, прекло-
ни колѣно, и воздѣжи руцѣ къ высотѣ,
вопіющи: призри и пощади Твоимъ ми-
лостивнымъ тогда взоромъ, Дѣво.

И нынѣ: Покажи крѣпость Твою не-
постыдну заступленіе нынѣ: яко долж-
никъ бо, матерьними мольбами прекло-

нится Твой Сынъ, Дѣво. Предвари убо нынѣ въ нужный часъ, да не отъиду неготовъ, но поживу и еще, препѣтая Богородице Чистая.

И р м о с ъ : **Не рыдай Мене, Мати, зрящи во гробѣ, Егоже во чревѣ безъ сѣмене зачала еси Сына: востану бо и прославлюся, и вознесу со славою непрестанно, яко Богъ, вѣрою и любовію Тя величающыя.**

Да вышнія славы получу, Дѣво, молюся Тебѣ: ослаби ми и избави долговъ тмы, вся презрѣвши, Пречистая, яже въ невѣдѣніи и разумѣ, вкупѣ дневная и нощная: яко да благодарственную пѣснь, радуяся, принесу Ти.

Отъ всякихъ мя скорбей исхити, Отроковице, и на камени постави нозѣ мои божественнаго спасенія: Тя бо представительницу необориму нынѣ стяжавъ, уповаю прейти стѣну и преграду, юже преслушаніемъ древа создахъ.

Слава: Тя молю, рождшую милосердаго Судію и Владыку: пріими дерзость скверныхъ устенъ и убогое пѣніе мое, и не омерзи мене паче всѣхъ человѣкъ грѣшнѣйшаго: Тя бо по Бозѣ заступницу имѣю рабъ Твой.

И нынѣ: Яко вышши сущи созданій всяческихъ, во утробѣ Твоей имѣла еси, Богородице, Бога воплощенна: Сего прилѣжно моли, Чистая, разрѣшити всякаго настоянія раба Твоего, да свободнымъ гласомъ Тя славословлю и азъ.

СТЫЙ АГГ҃ЛЪ   Храни́тель

Канонъ Ангелу Хранителю.

Тропарь, гласъ 6-й.

Ангеле Божій, хранителю мой святый, животъ мой соблюди во страсѣ Христа Бога: умъ мой утверди во истиннѣмъ пути, и къ любви горнѣй уязви душу мою, да тобою направляемъ, получу отъ Христа Бога велію милость.

Богородиченъ:

Святая Владычице, Христа Бога нашего Мати, яко всѣхъ Творца недоумѣнно рождшая: моли благость Его всегда, со хранителемъ моимъ Ангеломъ, спасти душу мою, страстьми одержимую, и оставленіе грѣховъ даровати ми.

Канонъ, гласъ 8-й. Пѣснь 1.

Ирмосъ: Поимъ Господеви, проведшему люди Своя сквозѣ Чермное море яко единъ славно прославися.

Господи Іисусе Христе Боже мой, помилуй мя.

Іисусу: Пѣснь воспѣти, и восхвалити Спасе, Твоего раба достойно сподоби, безплотному Ангелу, наставнику и хранителю моему.

Святый Ангеле Божій, хранителю мой, моли Бога о мнѣ грѣшнѣмъ.

Единъ азъ въ неразуміи и въ лѣности нынѣ лежу, Наставниче мой и хранителю, не остави мене погибающа.

Слава: Умъ мой твоею молитвою направи, творити ми Божія повелѣнія, да получу отъ Бога отданіе грѣховъ, и ненавидѣти ми злыхъ настави мя, молюся ти.

И нынѣ: Молися, Дѣвице, о мнѣ, рабѣ Твоемъ, ко Благодателю, со хранителемъ моимъ Ангеломъ, и настави мя творити заповѣди Сына Твоего и Творца моего.

Пѣснь 3.

Ирмосъ: Ты еси утвержденіе притекающихъ къ Тебѣ, Господи, Ты еси свѣтъ омраченныхъ, и поетъ Тя духъ мой.

Все помышленіе мое, и душу мою къ

тебѣ возложихъ, хранителю мой: ты отъ всякія мя напасти вражія избави.

Врагъ попираетъ мя и озлобляетъ, и поучаетъ всегда творити своя хотѣнія: но ты, наставниче мой, не остави мене погибающа.

Слава: Пѣти пѣснь со благодареніемъ и усердіемъ Творцу и Богу даждь ми, и тебѣ благому Ангелу хранителю моему: избавителю мой, изми мя отъ врагъ озлобляющихъ мя.

И нынѣ: Исцѣли, Пречистая, моя многонедужныя струпы, яже въ души, прожени враги, иже присно борются со мною.

Сѣдаленъ, гласъ 2-й.

Отъ любве душевныя вопію ти, хранителю моея души, всесвятый мой Ангеле, покрый мя и соблюди отъ лукаваго ловленія всегда, и къ жизни настави небеснѣй, вразумляя и просвѣщая и укрѣпляя мя.

Слава, и нынѣ: Богородиченъ:

Богородице безневѣстная, Пречистая,

Яже безъ сѣмене рождши всѣхъ Владыку, Того со Ангеломъ хранителемъ моимъ моли: избавитимися всякаго недоумѣнія, и дати умиленіе и свѣтъ души моей, и согрѣшеніемъ очищеніе, Яже едина вскорѣ заступающи.

Пѣснь 4.

Ирмосъ: Услышахъ, Господи, смотренія Твоего таинство, разумѣхъ дѣла Твоя, и прославихъ Твое Божество.

Моли Человѣколюбца Бога ты, хранителю мой, и не остави мене: но присно въ мирѣ житіе мое соблюди, и подаждь ми спасеніе необоримое.

Яко заступника и хранителя животу моему, пріемъ тя отъ Бога, Ангеле, молю тя святый, отъ всякихъ мя бѣдъ свободи.

Слава: Мою скверность твоею святынею очисти, хранителю мой, и отъ части шуія да отлученъ буду молитвами твоими, и причастникъ славы явлюся.

И нынѣ: Недоумѣніе предлежитъ ми отъ обышедшихъ мя золъ, Пречистая, но избави мя отъ нихъ скоро: къ Тебѣ бо единѣй прибѣгохъ.

Пѣснь 5.

Ирмосъ: Утренююще вопіемъ Ти: Господи, спаси ны: Ты бо еси Богъ нашъ, развѣ Тебе иного не вѣмы.

Яко имѣя дерзновеніе къ Богу, хранителю мой святый, Сего умоли, отъ оскорбляющихъ мя золъ избавити.

Свѣте свѣтлый, свѣтло просвѣти душу мою, наставниче мой и хранителю, отъ Бога данный ми Ангеле.

Слава: Спяща мя злѣ тяготою грѣховною, яко бдяща сохрани, Ангеле Божій, и возстави мя на славословіе моленіемъ твоимъ.

И нынѣ: Маріе, Госпоже Богородице безневѣстная, надеждо вѣрныхъ, вражія возношенія низложи, а поющыя Тя возвесели.

Пѣснь 6.

Ирмосъ: Ризу мнѣ подаждь свѣтлу одѣяйся свѣтомъ яко ризою, многомилостиве Христе Боже нашъ.

Всякихъ мя напастей свободи, и отъ

печалей спаси, молюся ти, святый Ангеле, данный ми отъ Бога, хранителю мой добрый.

Освѣти умъ мой, блаже, и просвѣти мя, молюся ти, святый Ангеле, и мыслити ми полезная всегда настави мя.

Слава: Устави сердце мое отъ настоящаго мятежа, и бдѣти укрѣпи мя во благихъ, хранителю мой, и настави мя чудно къ тишинѣ животнѣй.

И нынѣ: Слово Божіе въ Тя вселися, Богородице, и человѣкомъ Тя показа небесную лѣствицу: Тобою бо къ намъ Вышній сошелъ есть.

Кондакъ, гласъ 4-й.

Явися мнѣ милосердъ, святый Ангеле Господень, хранителю мой, и не отлучайся отъ мене сквернаго: но просвѣти мя свѣтомъ неприкосновеннымъ, и сотвори мя достойна Царствія Небеснаго.

Икосъ:

Уничиженную душу мою многими соблазны, ты, святый предстателю, неизреченныя славы небесныя сподоби, и пѣ-

вецъ съ лики безплотныхъ силъ Божі-
ихъ, помилуй мя и сохрани, и помыслы
добрыми душу мою просвѣти, да твоею
славою, Ангеле мой, обогащуся, и низ-
ложи зломыслящыя мнѣ враги, и сотво-
ри мя достойна Царствія Небеснаго.

Пѣснь 7.

И р м о с ъ : Отъ Іудеи дошедше отроцы
въ Вавилонѣ иногда, вѣрою Троическою пла-
мень пещный попраша, поюще: отцевъ Боже,
благословенъ еси.

Милостивъ буди ми, и умоли Бога,
Господень Ангеле: имѣю бо тя заступ-
ника во всемъ животѣ моемъ, наставни-
ка же и хранителя, отъ Бога дарован-
наго ми во вѣки.

Не остави въ путь шествующія души
моея окаянныя убити разбойникомъ, свя-
тый Ангеле, яже ти отъ Бога предана
бысть непорочнѣ, но настави ю на путь
покаянія.

Слава: Всю посрамлену душу мою
привожду отъ лукавыхъ ми помыслъ и
дѣлъ, предвари, наставниче мой, и ис-

цѣленіе ми подаждь благихъ помыслъ, уклоняти ми ся всегда на правыя стези.

И нынѣ: Премудрости исполни всѣхъ и крѣпости Божественныя, Vпостасная премудросте Вышняго, Богородицы ради, вѣрою вопіющихъ: отецъ нашихъ Боже, благословенъ еси.

Пѣснь 8.

Ирмосъ: Царя Небеснаго, Егоже поютъ вои Ангельстіи, хвалите и превозносите во вся вѣки.

Отъ Бога посланный, утверди животъ мой, раба твоего, преблагій Ангеле, и не остави мене во вѣки.

Ангела тя суща блага, души моея наставника и хранителя, преблаженне, воспѣваю во вѣки.

Слава: Буди ми покровъ и забрало, въ день испытанія всѣхъ человѣкъ, въ оньже огнемъ искушаются дѣла благая же и злая.

И нынѣ: Буди ми помощница и тишина, Богородице Приснодѣво, рабу

Твоему, и не остави мене лишена быти Твоего владычества.

Пѣснь 9.

Ирмосъ: **Воистинну Богородицу Тя исповѣдуемъ, спасеннiи Тобою, Дѣво Чистая, съ безплотными лики Тя величающе.**

Iисусу: Помилуй мя, едине Спасе мой, яко милостивъ еси и милосердъ, и праведныхъ ликовъ сотвори мя причастника.

Мыслити ми присно и творити, Господень Ангеле, благая и полезная даруй, яко сильна яви въ немощи и непорочна.

Слава: Яко имѣя дерзновенiе къ Царю Небесному, Того моли и съ прочими безплотными, помиловати мя окаяннаго.

И нынѣ: Много дерзновенiе имущи, Дѣво, къ Воплощшемуся изъ Тебе, преложи мя отъ узъ, и разрѣшенiе ми подаждь и спасенiе молитвами Твоими.

Молитва ко Ангелу Хранителю.

О святый Ангеле, хранителю и покровителю мой благiй! съ сокрушеннымъ сердцемъ и болѣзненною душею предстою ти, моляся: услыши мя грѣшнаго раба своего *(имя рекъ)*, съ воплемъ крѣпкимъ и плачемъ горькимъ вопіющаго: не помяни моихъ беззаконій и неправдъ, имиже азъ окаянный прогнѣвляю тя по вся дни и часы, и мерзостна себе творю предъ Создателемъ нашимъ Господемъ: явися мнѣ милосердъ и не отлучайся мене сквернаго даже до кончины моея: возбуди мя отъ сна грѣховнаго и пособствуй твоими молитвами прочее время живота моего безъ порока прейти и сотворити плоды достойны покаянія, паче же отъ смертныхъ паденій грѣховныхъ соблюди мя, да не погибну во отчаяніи, и да не порадуется врагъ о погибели моей. Вѣмъ воистинну и усты исповѣдую, яко никтоже таковъ другъ и предстатель, защититель и поборникъ, якоже ты, святый Ангеле: предстоя бо престолу Господню, молишися о мнѣ непотребнѣмъ и паче всѣхъ грѣшнѣйшемъ, да не изыметъ Преблагій души моея въ день нечаянія моего и въ день творенія злобы. Не престай убо умилостивляя премилосердаго Господа и Бога моего, да отпуститъ согрѣшенія моя, яже сотворихъ во всемъ житіи моемъ, дѣломъ, словомъ и всѣми моими чувствы, и имиже вѣсть судьбами, да спасетъ мя: да накажетъ мя здѣ по Своей неизреченнѣй милости, но да не обличитъ и не истяжетъ мя онамо по своему нелицепріятному правосудію: да сподобитъ мя покаяніе принести, съ покаяніемъ же Божественное причащеніе достойнѣ пріяти, о семъ паче молю и таковаго дара всеусердно желаю. Въ страшный же часъ смерти, неотступенъ буди ми, благій хранителю мой, прогоняя мрачныя демоны, имущыя устрашити притрепетную душу мою: защити мя отъ тѣхъ ловленія, егда имамъ преходити воздушная мытарства, да хранимь тобою, безбѣдно достигну рая ми вожделеннаго, идѣже лицы святыхъ и горнихъ силъ непрестанно восхваляютъ всечестное и великолѣпое имя въ Троицѣ славимаго Бога, Отца, и Сына, и Святаго Духа, Емуже подобаетъ честь и поклоненіе, во вѣки вѣковъ. Аминь.

Акаѳистъ Святителю Николаю.

Кондакъ 1.

Возбранный чудотворче, и изрядный угодниче Христовъ! міру всему источ· чаяй многоцѣнное милости мѵро, и неисчерпаемое чудесъ море, восхваляю тя любовію, святителю Николае: ты же, яко имѣяй дерзновеніе ко Господу, отъ всякихъ мя бѣдъ свободи, да зову ти: Радуйся, Николае, великій чудотворче.

Икосъ 1.

Ангела образомъ, земнаго суща естествомъ, яви тебе всея твари Создатель: благоплодную бо доброту души твоея провидѣвъ, преблаженне Николае, научи всѣхъ вопити тебѣ сице: Радуйся, отъ утробы матернія очищенный: радуйся, даже до конца освященный. Радуйся, рожденіемъ своимъ родителей удививый: радуйся, силу душевную абіе по рождествѣ явивый. Радуйся саде земли обѣтованія: радуйся, цвѣте божественнаго сажденія. Радуйся, лозо добродѣтельная винограда Христова: радуйся, древо чудоточное рая Іисусова. Радуйся, крине райскаго прозябенія: радуйся, мѵро Христова благоуханія. Радуйся, яко тобою отгонится рыданіе: радуйся, яко тобою приносится радованіе. Радуйся, Николае, великій чудотворче.

Кондакъ 2.

Видяще твоихъ мѵръ изліяніе, богомудре, просвѣщаемся душами и тѣлесы, дивнаго тя мѵроточца живоносна, Николае, разумѣюще: чудесы бо яко водами, благодатію Божіею изливающимися, напаяеши вѣрно вопіющихъ Богу: Аллилуіа.

Икосъ 2.

Разумъ недоразумѣнный вразумляя о Святѣй Троицѣ, былъ еси въ Никеи со святыми отцы поборникъ исповѣданія православныя вѣры: равна бо Отцу Сына исповѣдалъ еси, соприсносущна и сопрестольна, Арія же безумнаго обличилъ еси. Сего ради вѣрніи научишася воспѣвати тебѣ: Радуйся, великій благочестія столпе: радуйся, вѣрныхъ прибѣжища граде. Радуйся, твердое, православія укрѣпленіе: радуйся, честное Пресвятыя Троицы носило и похваленіе. Радуйся, Отцу равночестна Сына проповѣдавый: радуйся, Арія возбѣсившагося отъ собора святыхъ отгнавый. Радуйся, отче, отцевъ славная красото: радуйся, всѣхъ богомудрыхъ премудрая доброто. Радуйся, огненная словеса испущаяй: радуйся, добрѣ стадо свое наставляяй. Радуйся, яко тобою вѣра утверждается: радуйся, яко тобою ересь низлагается. Радуйся, Николае, великій чудотворче.

Кондакъ 3.

Силою, данною ти свыше, слезу всяку отъялъ еси отъ лица лютѣ страждущихъ, богоносе отче Николае: алчущимъ бо явился еси кормитель, въ пучинѣ морстѣй сущимъ изрядный правитель, недугующимъ исцѣленіе, и всѣмъ всякъ помощникъ показался еси, вопіющимъ Богу: Аллилуіа.

Икосъ 3.

Имѣяше воистинну, отче Николае, съ небесе пѣснь тебѣ воспѣваема быти, а не отъ земли: како бо кто отъ человѣкъ возможетъ твоея святыни величія проповѣдати? Но мы, любовію твоею побѣждаеми, вопіемъ ти сице: Радуйся, образе агнцевъ и пастырей: радуйся, святое очистилище нравовъ. Радуйся, добродѣтелей великихъ вмѣстилище: радуйся, святыни чистое и честное жилище. Радуйся, свѣтильниче всесвѣтлый и вселюбимый: радуйся, свѣте златозарный и непорочный. Радуйся, достойный ангеломъ собесѣдниче: радуйся,

добрый человѣкомъ наставниче. Радуй-
ся, правило вѣры благочестивыя: радуй-
ся, образе кротости духовныя. Радуйся,
яко тобою отъ страстей тѣлесныхъ из-
бавляемся: радуйся, яко тобою сладо-
стей духовныхъ исполняемся. Радуйся,
Николае, великій чудотворче.

Кондакъ 4.

Буря недоумѣній смущаетъ ми умъ:
како достойно есть пѣти чудеса твоя,
блаженне Николае? никтоже бо можетъ
я исчести, аще бы и многи языки имѣлъ
и глаголати восхотѣлъ; но мы дивно Бо-
гу въ тебѣ прославляющемуся дерзаемъ
воспѣвати: Аллилуіа.

Икосъ 4.

Слышаша, богомудре Николае, ближ-
ніи и дальніи величіе чудесъ твоихъ,
яко по воздуху легкими благодатными
крилами навыклъ еси сущихъ въ бѣдахъ
предваряти, скоро отъ тѣхъ избавляя
всѣхъ вопіющихъ къ тебѣ таковая: Ра-
дуйся, избавленіе отъ печали: радуйся,

подаяніе благодати. Радуйся, нечае-
мыхъ золъ прогонителю: радуйся, желае-
мыхъ благихъ насадителю. Радуйся, ско-
рый утѣшителю въ бѣдѣ сущихъ: ра-
дуйся, страшный наказателю обидя-
щихъ. Радуйся, чудесъ пучино Богомъ
изліянная: радуйся закона Христова
скрижали Богомъ писанныя. Радуйся,
крѣпкое падающихъ возведеніе: радуй-
ся, право стоящихъ утвержденіе. Ра-
дуйся, яко тобою всякая лесть обнажает-
ся: радуйся, яко тобою всякая истина
сбывается. Радуйся, Николае, великій
чудотворче.

Кондакъ 5.

Боготечная звѣзда явился еси, наста-
вляя по морю плавающихъ лютѣ, имже
смерть предстояше вскорѣ иногда, аще
не бы ты предсталъ еси призывающимъ
тя въ помощь, чудотворче святый Ни-
колае: уже бо нестыдно бѣсомъ летаю-
щымъ, и погрузити корабли хотящымъ
запретивъ, отгналъ еси ихъ, вѣрныя же

научилъ еси спасающему тобою Богу взывати: Аллилуіа.

Икосъ 5.

Видѣша отроковицы на бракъ скверный нищеты ради уготованныя, великое твое къ нищимъ милосердіе, преблаженне отче Николае, егда старцу родителю ихъ нощію узельцы три злата таяся подалъ еси, самаго со дщерьми избавляя отъ паденія грѣховнаго, того ради слышиши отъ всѣхъ сице: Радуйся, милости превеликія о людехъ пріятелище. Радуйся, пище и отрадо къ тебѣ прибѣгающихъ: радуйся, хлѣбе неснѣдаемый алчущихъ. Радуйся, богатство бѣднѣ живущихъ на земли, Богомъ данное: радуйся, воздвиженіе скорое убогихъ. Радуйся, быстрое нищихъ услышаніе: радуйся, скорбящихъ пріятное попеченіе. Радуйся, тріехъ дѣвъ непорочный невѣстителю: радуйся, чистоты усердный хранителю. Радуйся, ненадежныхъ надѣяніе: радуйся, всего міра наслажденіе. Радуйся, Николае, великій чудотворче.

Кондакъ 6.

Проповѣдуетъ міръ весь тебе, преблаженне Николае, скораго въ бѣдахъ заступника: яко многажды во единомъ часѣ, по земли путешествующимъ и по морю плавающимъ, предваряя пособствуеши, купно всѣхъ отъ злыхъ сохраняя, вопіющихъ къ Богу: Аллилуіа.

Икосъ 6.

Возсіялъ еси свѣтъ животный, избавленіе нося воеводамъ, неправедную смерть пріяти имущимъ, тебе, добрый пастырю Николае, призывающимъ, егда вскорѣ явлься во снѣ цареви, устрашилъ еси его, сихъ же неврежденныхъ отпустити повелѣлъ еси. Сего ради съ ними купно и мы благодарственно вопіемъ ти: Радуйся, усердно призывающимъ тя помогаяй: радуйся, отъ неправеднаго убіенія избавляяй. Радуйся, отъ лестныя сохраняяй клеветы: радуйся, неправедныя разрушаяй совѣты. Радуйся, растерзаяй лжу яко паучину: радуйся, возношаяй славно истину. Радуйся, неповинныхъ отъ узъ разрѣшеніе: радуйся, и мертвецевъ оживленіе. Радуйся, проявителю правды: радуйся, помрачителю неправды. Радуйся, яко тобою неповинніи избавлени отъ меча: радуйся, яко тобою насладишася свѣта. Радуйся, Николае, великій чудотворче.

Кондакъ 7.

Хотя богохульное еретическое отгнати злосмрадіе, мѵро воистинну благовонное, таинственное явился еси, Николае: люди мѵрейскія пасый, весь міръ своимъ благодатнымъ мѵромъ исполнилъ еси, и отъ насъ убо богомерзкое грѣховное злосмрадіе отжени, да благопріятно Богу вопіемъ: Аллилуіа.

Икосъ 7,

Новаго тя Ноя, наставника ковчега спасительнаго разумѣемъ, отче святый Николае: бурю всѣхъ лютыхъ разгоняющаго направленіемъ своимъ, тишину же божественную приносящаго вопіющимъ таковая: Радуйся, обуреваемыхъ тихое пристанище: радуйся, утопающихъ извѣстное хранилище. Радуйся, плавающихъ посредѣ пучинъ добрый кормчій: радуйся, треволненія морская уставляющій. Радуйся, превожденіе сущихъ въ вихрехъ: радуйся согрѣяніе сущихъ во мразѣхъ. Радуйся, сіяніе, скорбный мракъ разгоняющее: радуйся, свѣтило, вся концы земли просвѣщающее. Радуйся, отъ бездны грѣховныя человѣки избавляяй: радуйся, въ бездну адскую сатану ввергаяй. Радуйся, яко тобою дерзновенно бездну милосердія Божія призываемъ: радуйся, яко тобою отъ потопа гнѣва избавльшеся, миръ съ Богомъ обрѣтаемъ. Радуйся, Николае, великій чудотворче.

Кондакъ 8.

Странное чудо является притекающимъ къ тебѣ, блаженне Николае, священная твоя церковь: въ ней бо и малое моленіе приносяще, веліихъ недуговъ пріемлемъ исцѣленіе, аще токмо по Бозѣ упованіе на тя возложимъ, вѣрно вопіюще: Аллилуіа.

Икосъ 8.

Весь еси всѣмъ воистинну помощникъ, богоносе Николае, и собралъ еси вкупѣ вся прибѣгающыя къ тебѣ, яко свободитель, питатель и врачъ скорый всѣмъ земнымъ, на похвалу всѣхъ воздвизая вопити къ тебѣ сице: Радуйся, всякихъ исцѣленій источниче: радуйся, лютѣ страждущимъ помощниче. Радуйся, заре, сіяющая въ нощи грѣховнѣй блуждающимъ: радуйся, росо неботочная въ знои трудовъ сущимъ. Радуйся, подаваяй требующимъ благостроеніе: радуйся, уготовляяй просящимъ изобиліе. Радуйся, многажды прошеніе предваряяй: радуйся, старымъ сѣдинамъ силу обновляяй. Радуйся, многихъ заблуждшихъ отъ пути истиннаго обличителю: радуйся, таинъ Божіихъ вѣрный служителю. Радуйся, яко тобою зависть попираемъ: радуйся, яко тобою благонравное житіе исправляемъ. Радуйся, Николае, великій чудотворче.

Кондакъ 9.

Всякія утоли болѣзни, великій нашъ заступниче Николае, растворяя благодатная врачеванія, услаждающая души нашя, сердца же веселящая всѣхъ усердно къ помощи твоей притекающихъ, Богу же вопіющихъ: Аллилуіа.

Икосъ 9.

Вѣтія суемудренныя нечестивыхъ, видимъ тобою посрамленныя, богомудре отче Николае: Арія бо хульника, раздѣляюща Божество, и Савеллія, смѣшающа Святую Троицу, препрѣлъ, насъ же во Православіи укрѣпилъ еси. Сего ради вопіемъ ти сице: Радуйся, щите, защищаяй благочестіе: радуйся, мечу посѣкаяй злочестіе. Радуйся, учителю божественныхъ велѣній: радуйся, губителю богопротивныхъ ученій. Радуйся, лѣствице Богомъ утвержденная, еюже восходимъ къ небеси: радуйся, покрове Богомъ зданный, имже покрываются мнози. Радуйся, немудрыхъ умудривый твоими словесы: радуйся, лѣнивыхъ подвигнувый твоими нравы. Радуйся, свѣтлосте заповѣдей Божіихъ неугасимая: радуйся, луче оправданій Господнихъ пресвѣтлая. Радуйся, яко ученіемъ твоимъ сокрушаются еретическія главы: радуйся, яко тобою вѣрніи сподобляются славы. Радуйся, Николае, великій чудотворче.

Кондакъ 10.

Спасти хотя душу, плоть твою духови покорилъ еси воистинну, отче нашъ Николае: молчаньми бо прежде и бореньми съ помыслы, дѣянію богомысліе приложилъ еси: богомысліемъ же разумъ совершенъ стяжалъ еси, имже дерзновенно съ Богомъ и ангелы бесѣдовалъ еси, всегда вопія: Аллилуіа.

Икосъ 10.

Стѣна еси похваляющимъ, преблаженне, чудеса твоя и всѣмъ къ заступленію твоему прибѣгающимъ, тѣмже и насъ, въ добродѣтели убогихъ, отъ нищеты, напасти, недуговъ и нуждъ различныхъ свобождай, вопіющихъ ти съ любовію таковая: Радуйся, отъ убожества вѣчнаго изъимаяй: радуйся, богатство нетлѣнное подаваяй. Радуйся, брашно негиблющее алчущимъ правды: радуйся, питіе неисчерпаемое жаждущимъ жизни. Радуйся, отъ мятежа и брани соблюдаяй: радуйся, отъ узъ и плѣненія свобождаяй. Радуйся, преславный въ бѣдахъ заступниче: радуйся, превеликій въ напастехъ защитниче. Радуйся, многихъ отъ погибели исхитивый, радуйся, безчисленныхъ неврежденно сохранивый. Радуйся, яко тобою лютыя смерти грѣшницы избѣгаютъ: радуйся, яко тобою жизнь вѣчную кающіися получаютъ. Радуйся, Николае, великій чудотворче.

Кондакъ 11.

Пѣніе Пресвятѣй Троицѣ паче иныхъ принеслъ еси, преблаженне Николае, умомъ, словомъ и дѣломъ: многимъ бо испытаніемъ правовѣрная повелѣнія уяснилъ еси, вѣрою, надеждою и любовію наставляя насъ, въ Троицѣ Единому Богу воспѣвати: Аллилуіа.

Икосъ 11.

Свѣтозарную лучу во мрацѣ житія сущимъ неугасимую, видимъ тя, Богомъ избранне отче Николае: съ невещественными бо ангельскими свѣты бесѣдуеши о несозданномъ Троическомъ Свѣтѣ, вѣрныя же души просвѣщаеши, вопіющыя ти таковая: Радуйся, озареніе трисолнечнаго свѣта: радуйся, деннице незаходимаго солнца. Радуйся, свѣще, божественнымъ пламенемъ возжженная: радуйся, яко угасилъ еси бѣсовскій пламень нечестія. Радуйся, свѣтлое правовѣрія проповѣданіе: радуйся, доброзрачное свѣта евангельска-

го сіяніе. Радуйся, молніе, ереси по-
жигающая: радуйся, громе, устрашаю-
щій соблазняющыя. Радуйся, истинна-
го научителю разума: радуйся, таинст-
веннаго изъявителю ума. Радуйся, яко
тобою попрася поклоненіе твари: радуй-
ся, яко тобою научихомся покланятися
Творцу въ Троицѣ. Радуйся, Николае,
великій чудотворче.

Кондакъ 12.

Благодать данную ти отъ Бога свѣ-
дущіи, радующеся твою память празд-
нуемъ по долгу, преславный отче Ни-
колае, и къ чудному заступленію твое-
му вседушно притекаемъ. Преславныхъ
же твоихъ дѣяній, яко песка морскаго
и множества звѣзднаго, исчести не мо-
гуще, недоумѣніемъ объяти бывше, во-
піемъ къ Богу: Аллилуіа.

Икосъ 12.

Поюще твоя чудеса восхваляемъ тя,
всехвальне Николае; въ тебѣ бо Богъ,

въ Троицѣ прославляемый, дивно прославися. Но аще и попремногу составленныя отъ души псалмы и пѣсни приносимъ ти, чудотворче святый, ничтоже творимъ равно дарованію чудесъ твоихъ, имже удивляющеся, вопіемъ къ тебѣ таковая: Радуйся, Царя царствующихъ и Господа господствующихъ служителю: радуйся, служителей Его небесныхъ сожителю. Радуйся, царемъ вѣрнымъ поможеніе: радуйся, рода христіанскаго возвышеніе. Радуйся, побѣды тезоименитый: радуйся, вѣнценосче нарочитый. Радуйся, всѣхъ добродѣтелей зерцало: радуйся, всѣхъ притекающихъ къ тебѣ крѣпкое забрало. Радуйся, по Бозѣ и Богородицѣ, все наше упованіе: радуйся, тѣлесъ нашихъ здравіе, и душъ спасеніе. Радуйся, яко тобою отъ вѣчныя смерти свобождаемся: радуйся, яко тобою безконечныя жизни сподобляемся. Радуйся, Николае, великій чудотворче.

Кондакъ 13.

О, пресвятый и пречудный отче Николае, утѣшеніе всѣхъ скорбящихъ, нынѣшнее наше пріими приношеніе, и отъ геенны избавитися намъ Господа умоли, богопріятнымъ твоимъ ходатайствомъ, да съ тобою воспѣваемъ: Аллилуіа.

Сей кондакъ глаголи трижды.

И паки Икосъ 1.

Ангела образомъ, земнаго суща естествомъ, яви тебе всея твари Создатель: благоплодную бо доброту души твоея провидѣвъ, преблаженне Николае, научи всѣхъ вопити тебѣ сице: Радуйся, отъ утробы матернія очищенный: радуйся, даже до конца освященный. Радуйся, рожденіемъ своимъ родителей удививый: радуйся, силу душевную абіе по рождествѣ явивый. Радуйся саде земли обѣтованія: радуйся, цвѣте божественнаго сажденія. Радуйся, лозо добродѣтельная винограда Христова: радуйся, древо чудоточное рая Іисусова.

Радуйся, крине райскаго прозябенія: радуйся, мѵро Христова благоуханія. Радуйся, яко тобою отгонится рыданіе: радуйся, яко тобою приносится радованіе. Радуйся, Николае, великій чудотворче.

Кондакъ 1.

Возбранный чудотворче, и изрядный угодниче Христовъ, міру всему источаяй многоцѣнное милости мѵро, и неисчерпаемое чудесъ море, восхваляю тя любовію, святителю Николае: ты же, яко имѣяй дерзновеніе ко Господу, отъ всякихъ мя бѣдъ свободи, да зову ти: Радуйся, Николае, великій чудотворче.

Молитва Святителю Христову Николаю.

О всеблагій Отче Николае, пастырю и учителю всѣхъ, вѣрою притекающихъ къ твоему заступленію, и теплою молитвою тебе призывающихъ, скоро потщися, и избави Христово стадо отъ волковъ губящихъ е: и всяку страну христіанскую огради и сохрани святыми твоими молитвами отъ мірскаго мятежа, труса, нашествія иноплеменниковъ и междоусобныя брани, отъ глада, потопа, огня, меча и напрасныя смерти: и якоже помиловалъ еси тріехъ мужей въ темницѣ сѣдящихъ, и избавилъ еси ихъ царева гнѣва и посѣченія мечнаго, тако помилуй и мене, умомъ, словомъ и дѣломъ во тмѣ грѣховъ суща, и избави мя гнѣва Божія и вѣчныя казни: яко да твоимъ ходатайствомъ и помощію, Своимъ же милосердіемъ и благодатію, Христосъ Богъ тихое и безгрѣшное житіе дастъ ми пожити въ вѣцѣ семъ, и избавитъ мя шуіяго стоянія, сподобитъ же деснаго со всѣми святыми. Аминь.

Послѣдованіе ко Св. Причащенію.

Молитвами святыхъ отецъ нашихъ, Господи Іисусе Христе Боже нашъ, помилуй насъ. Аминь.

Царю Небесный: *Трисвятое*. Пресвятая Троице: Отче нашъ: Господи, помилуй, 12. Пріидите, поклонимся: *трижды*.

И настоящыя псалмы:

Псаломъ 22.

Господь пасетъ мя, и ничтоже мя лишитъ. На мѣстѣ злачнѣ, тамо всели мя, на водѣ покойнѣ воспита мя. Душу мою обрати, настави мя на стези правды, имене ради Своего. Аще бо и пойду посредѣ сѣни смертныя, не убоюся зла, яко Ты со мною еси: жезлъ Твой и палица Твоя, та мя утѣшиста. Уготовалъ еси предо мною трапезу сопротивъ стужающымъ мнѣ: умастилъ еси елеомъ главу мою, и чаша Твоя упоявающи мя, яко державна. И милость Твоя поженетъ мя вся дни живота моего: и еже вселитимися въ домъ Господень въ долготу дній.

Псаломъ 23.

Господня земля, и исполненіе ея, вселенная, и вси живущіи на ней. Той на морях основалъ ю есть, и на рѣкахъ уготовалъ ю есть. Кто взыдетъ на гору Господню? или кто станетъ на мѣстѣ святѣмъ Его? неповиненъ рукама, и чистъ сердцемъ: иже не пріятъ всуе душу свою, и не клятся лестію искреннему своему. Сей пріиметъ благословеніе отъ Господа, и милостыню отъ Бога Спаса своего. Сей родъ ищущихъ Господа, ищущихъ лице Бога Іаковля. Возмите врата князи вашя, и возмитеся вра-

та вѣчная: и внидетъ Царь славы. Кто
есть сей Царь славы? Господь крѣпокъ
и силенъ, Господь силенъ въ брани.
Возмите врата князи ваша, и возмитеся
врата вѣчная: и внидетъ Царь славы.
Кто есть сей Царь славы? Господь силъ,
Той есть Царь славы.

Псаломъ 115.

Вѣровахъ, тѣмже возглаголахъ: азъ
же смирихся зѣло. Азъ же рѣхъ во из-
ступленіи моемъ: всякъ человѣкъ ложь.
Что воздамъ Господеви о всѣхъ, яже воз-
даде ми? Чашу спасенія пріиму, и имя
Господне призову: молитвы моя Госпо-
деви воздамъ предъ всѣми людьми Его.
Честна предъ Господемъ смерть препо-
добныхъ Его. О Господи, азъ рабъ Твой,
азъ рабъ Твой, и сынъ рабыни Твоея:
растерзалъ еси узы моя. Тебѣ пожру
жертву хвалы, и во имя Господне при-
зову: молитвы моя Господеви воздамъ
предъ всѣми людьми Его: во дворѣхъ
дому Господня, посредѣ тебе, Іеруса-
лиме.

Слава, и нынѣ: **Аллилуіа,** *трижды.*
Поклоны три.

Тропари, гласъ 8-й.

Беззаконія моя презри, Господи, отъ Дѣвы рождейся, и сердце мое очисти, храмъ то творя пречистому Твоему тѣлу и крови: ниже отрини мене отъ Твоего лица, безъ числа имѣяй велію милость.

Слава: Во причастіе святынь Твоихъ како дерзну недостойный? Аще бо дерзну къ Тебѣ приступити съ достойными, хитонъ мя обличаетъ, яко нѣсть вечерній: и осужденіе исходатайствую многогрѣшной души моей. Очисти, Господи, скверну души моея, и спаси мя, яко Человѣколюбецъ.

И нынѣ: Многая множества моихъ, Богородице, прегрѣшеній, къ Тебѣ прибѣгохъ, Чистая, спасенія требуя: посѣти немощствующую мою душу, и моли Сына Твоего и Бога нашего, дати ми оставленіе, яже содѣяхъ лютыхъ, едина благословенная.

Во святую же Четыредесятницу сіе:

Егда славніи ученицы на умовеніи вечери просвѣщахуся, тогда Іуда злочестивый сребролюбіемъ недуговавъ омрачашеся, и беззаконнымъ судіямъ Тебе праведнаго Судію предаетъ. Виждь, имѣній рачителю, сихъ ради удавленіе употребивша: бѣжи несытыя души, Учителю таковая дерзнувшія. Иже о всѣхъ благій Господи, слава Тебѣ.

Псаломъ 50.

Помилуй мя, Боже, по велицѣй милости Твоей, и по множеству щедротъ Твоихъ очисти беззаконіе мое. Наипаче омый мя отъ беззаконія моего, и отъ грѣха моего очисти мя. Яко беззаконіе мое азъ знаю, и грѣхъ мой предо мною есть выну. Тебѣ единому согрѣшихъ, и лукавое предъ Тобою сотворихъ: яко да оправдишися во словесѣхъ Твоихъ, и побѣдиши внегда судити Ти. Се бо въ беззаконіихъ зачатъ есмь, и во грѣсѣхъ роди мя мати моя. Се бо истину возлюбилъ еси: безвѣстная и тайная премудрости Твоея явилъ ми еси. Окропиши мя иссопомъ, и очищуся: омыеши мя, и паче снѣга убѣлюся. Слуху моему даси радость и веселіе: возрадуются кости смиренныя. Отврати лице Твое отъ грѣхъ моихъ, и вся беззаконія моя очисти. Сердце чисто созижди во мнѣ, Боже, и духъ правъ обнови во утробѣ моей. Не отвержи мене отъ лица Твоего, и Духа Твоего Святаго не отъими отъ мене. Воздаждь ми радость спасенія Твоего, и Духомъ Владычнимъ утверди мя. Научу беззаконныя путемъ Твоимъ, и нечестивіи къ Тебѣ обратятся. Избави мя отъ кровей, Боже, Боже спасенія моего: возрадуется языкъ мой правдѣ Твоей. Господи, устнѣ мои отверзеши, и уста моя возвѣстятъ хвалу Твою. Яко аще бы восхотѣлъ еси жертвы, далъ быхъ убо: всесожженія не благоволиши. Жертва Богу духъ сокрушенъ, сердце сокрушенно и смиренно Богъ не уничижитъ. Ублажи, Господи, благоволеніемъ

Твоимъ Сіона, и да созиждутся стѣны Іерусалимскія. Тогда благоволиши жертву правды, возношенія и всесожегаемая: тогда возложатъ на олтарь Твой тельцы.

И абіе: Канонъ, гласъ 2-й. Пѣснь 1.

И р м о с ъ : Грядите людіе, поимъ пѣснь Христу Богу, раздѣльшему море, и наставльшему люди, яже изведе изъ работы египетскія, яко прославися.

Сердце чисто созижди во мнѣ, Боже, и духъ правъ обнови во утробѣ моей.

Хлѣбъ живота вѣчнующаго да будетъ ми Тѣло Твое Святое, благоутробне Господи, и Честная Кровь, и недугъ многообразныхъ исцѣленіе.

Не отвержи мене отъ лица Твоего, и Духа Твоего святаго не отъими отъ мене.

Оскверненъ дѣлы безмѣстными окаянный, Твоего Пречистаго Тѣла и Божественныя Крове недостоинъ есмь, Христе, причащенія, егоже мя сподоби.

Пресвятая Богородице, спаси насъ.

Богородиченъ: Земле благая, благословенная Богоневѣсто, класъ прозябшая неоранный и спасительный міру, сподоби мя сей ядуща спастися.

Пѣснь 3.

Ирмосъ: На камени мя вѣры утвердивъ, разширилъ еси уста моя на враги моя. Возвеселибося духъ мой, внегда пѣти: нѣсть святъ якоже Богъ нашъ, и нѣсть праведенъ паче Тебе. Господи.

Слезныя ми подаждь, Христе, капли, скверну сердца моего очищающыя: яко да благою совѣстію очищенъ, вѣрою прихожду и страхомъ, Владыко, ко причащенію Божественныхъ даровъ Твоихъ.

Во оставленіе да будетъ ми прегрѣшеній Пречистое Тѣло Твое и Божественная Кровь, Духа же Святаго общеніе, и въ жизнь вѣчную, Человѣколюбче, и страстей и скорбей отчужденіе.

Богородиченъ: Хлѣба животнаго трапеза Пресвятая, свыше милости ради сшедшаго, и мірови новый животъ дающаго, и мене нынѣ сподоби недостойнаго, со страхомъ вкусити сего, и живу быти.

Пѣснь 4.

И р м о с ъ : Пришелъ еси отъ Дѣвы, не ходатай, ни Ангелъ, но Самъ Господи воплощся и спаслъ еси всего мя человѣка. Тѣмъ зову Ти: слава силѣ Твоей, Господи.

Восхотѣлъ еси, насъ ради воплощся, Многомилостиве, закланъ быти яко овча, грѣхъ ради человѣческихъ: тѣмже молю Тя, и моя очисти согрѣшенія.

Исцѣли души моея язвы, Господи, и всего освяти: и сподоби Владыко, яко да причащуся тайныя Твоея Божественныя вечери, окаянный.

Богородиченъ: Умилостиви и мнѣ сущаго отъ утробы Твоея, Владычице, и соблюди мя нескверна раба Твоего, и непорочна, яко да пріемъ умнаго бисера, освящуся.

Пѣснь 5.

И р м о с ъ : Свѣта подателю и вѣковъ Творче, Господи, во свѣтѣ Твоихъ повелѣній настави насъ: развѣ бо Тебе, иного бога не знаемъ.

Якоже предреклъ еси, Христе, да будетъ убо худому рабу Твоему, и во мнѣ пребуди, якоже обѣщался еси: се бо Тѣло Твое ямъ Божественное, и пію Кровь Твою.

Слове Божіи и Боже, угль Тѣла Твоего да будетъ мнѣ помраченному въ просвѣщеніе, и очищеніе оскверненной души моей Кровь Твоя.

Богородиченъ: Маріе, Мати Божія, благоуханія честное селеніе, Твоими молитвами сосудъ мя избранный содѣлай, яко да освященій причащуся Сына Твоего.

Пѣснь 6.

Ирмосъ: Въ безднѣ грѣховнѣй валяяся, неизслѣдную милосердія Твоего призываю бездну: отъ тли, Боже, мя возведи.

Умъ, душу и сердце освяти, Спасе, и тѣло мое: и сподоби неосужденно, Владыко, къ страшнымъ Тайнамъ приступити.

Дабы устранился отъ страстей, и Твоея благодати имѣлъ бы приложеніе, живота же утвержденіе, причащеніемъ Святыхъ, Христе, Таинъ Твоихъ.

Богородиченъ: Божіе, Боже, Слово Святое, всего мя освяти нынѣ приходящаго къ Божественнымъ Твоимъ Тайнамъ, Святыя Матере Твоея мольбами.

Кондакъ, гласъ 2-й.

Хлѣбъ, Христе, взяти не презри мя, Тѣло Твое, и Божественную Твою нынѣ Кровь, пречистыхъ, Владыко, и страшныхъ Твоихъ Таинъ причаститися окаяннаго, да не будетъ ми въ судъ, да будетъ же ми въ животъ вѣчный и безсмертный.

Пѣснь 7.

Ирмосъ: Тѣлу златому премудрыя дѣти не послужиша, и въ пламень сами поидоша, и боги ихъ обругаша, среди пламене возопиша, и сроси я Ангелъ: услышася уже устъ вашихъ молитва.

Источникъ благихъ, причащеніе, Христе, безсмертныхъ Твоихъ нынѣ Таинствъ да будетъ ми свѣтъ, и животъ, и безстрастіе, и къ преспѣянію же и умноженію добродѣтели Божественнѣйшія ходатайственно, едине Блаже, яко да славлю Тя.

Да избавлюся отъ страстей, и враговъ и нужды, и всякія скорби, трепетомъ и любовію со благоговѣніемъ, Человѣколюбче, приступаяй нынѣ къ Твоимъ безсмертнымъ и Божественнымъ Тайнамъ, и пѣти Тебѣ сподоби: благословенъ еси, Господи, Боже отецъ нашихъ.

Богородиченъ: Спаса Христа рождшая паче ума, Богоблагодатная, молю Тя нынѣ, рабъ Твой, Чистую нечистый: хотящаго мя нынѣ къ пречистымъ Тайнамъ приступити, очисти всего отъ скверны плоти и духа.

Пѣснь 8.

Ирмосъ: Въ пещь огненную ко отрокомъ Еврейскимъ снизшедшаго, и пламень въ росу преложшаго Бога, пойте дѣла яко Господа, и превозносите во вся вѣки.

Небесныхъ, и страшныхъ, и святыхъ Твоихъ, Христе, нынѣ Таинъ, и Божественныя Твоея и тайныя вечери, общника быти и мене сподоби отчаяннаго, Боже Спасе мой.

Подъ Твое прибѣгъ благоутробіе, Блаже, со страхомъ зову Ти: во мнѣ пребуди Спасе, и азъ, якоже реклъ еси, въ Тебѣ: се бо дерзая на милость Твою, ямъ Тѣло Твое, и пію Кровь Твою.

Троиченъ: Трепещу пріемля огнь, да не опалюся яко воскъ, и яко трава: оле страшнаго таинства! оле благоутробія Божія! како Божественнаго Тѣла и Крове бреніе причащаюся, и нетлѣненъ сотворяюся.

Пѣснь 9.

Ирмосъ: Безначальна Родителя Сынъ, Богъ и Господь, воплощся отъ Дѣвы, намъ явися, омраченная просвѣти, собрати расточенная: тѣмъ всепѣтую Богородицу величаемъ.

Христосъ есть, вкусите и видите: Господь насъ ради, по намъ бо древле бывый, единою Себе принесъ, яко приношеніе Отцу Своему, присно закалается, освящаяй причащающыяся.

Душею и тѣломъ да освящуся, Владыко, да просвѣщуся, да спасуся, да буду домъ Твой, причащеніемъ священныхъ Таинъ, живущаго Тя имѣя въ себѣ со Отцемъ и Духомъ, Благодѣтелю Многомилостиве.

Якоже огнь да будетъ ми, и яко свѣтъ, Тѣло Твое и Кровь, Спасе мой, пречестная, опаляя грѣховное вещество, сжигая же страстей терніе, и всего мя просвѣщая, покланятися Божеству Твоему.

Богородиченъ: Богъ воплотися отъ чистыхъ кровей Твоихъ: тѣмже всякій родъ поетъ Тя, Владычице, умная же множества славятъ, яко Тобою явѣ узрѣша всѣми Владычествующаго, осуществовавшагося человѣчествомъ.

И абіе: Достойно есть: Трисвятое. Пресвятая Троице: Отче нашъ: Тропарь дне, аще есть праздникъ Христова Рождества, или иный. Аще недѣля, тропарь воскресный по гласу. Аще же ни, сія, **гласъ 6-й:**

Помилуй насъ, Господи, помилуй насъ: всякаго бо отвѣта недоумѣюще, сію Ти молитву, яко Владыцѣ, грѣшніи приносимъ: помилуй насъ.

Слава: Господи, помилуй насъ, на

Тя бо уповахомъ: не прогнѣвайся на ны зѣло, ниже помяни беззаконій нашихъ: но призри и нынѣ яко благоутробенъ, и избави ны отъ врагъ нашихъ: Ты бо еси Богъ нашъ, и мы людіе Твои, вси дѣла руку Твоею, и имя Твое призываемъ.

И нынѣ: Милосердія двери отверзи намъ, благословенная Богородице, надѣющіися на Тя да не погибнемъ, но да избавимся Тобою отъ бѣдъ: Ты бо еси спасеніе рода христіанскаго.

Таже: Господи, помилуй, 40.

И поклоны, елико хощеши.

И абіе настоящыя стихи:

Хотя ясти, человѣче, Тѣло Владычне, Страхомъ приступи, да не опалишися: огнь бо есть.

Божественную же пія кровь ко общенію, Первѣе примирися тя опечалившимъ, Таже дерзая, таинственное брашно яждь.

Ины стихи:

Прежде причастія страшныя жертвы,

Животворящаго Тѣла Владычня,
Симъ помолися образомъ со трепетомъ:

Молитва Великаго Василія, 1-я:

Владыко Господи Іисусе Христе, Боже нашъ, источниче жизни и безсмертія, всея твари видимыя и невидимыя Содѣтелю, безначальнаго Отца соприсносущный Сыне и собезначальный: премногія ради благости, въ послѣднія дни въ плоть оболкійся и распныйся, и погребыйся за ны неблагодарныя и злонравныя, и Твоею кровію обновивый растлѣвшее грѣхомъ естество наше: Самъ, Безсмертный Царю, пріими и мое грѣшнаго покаяніе, и приклони ухо Твое мнѣ, и услыши глаголы моя. Согрѣшихъ бо, Господи, согрѣшихъ на небо и предъ Тобою, и нѣсмь достоинъ воззрѣти на высоту славы Твоея: прогнѣвахъ бо Твою благость, Твоя заповѣди преступивъ, и не послушавъ Твоихъ повелѣній. Но Ты, Господи, незлобивъ сый, долготерпѣливъ же и много-

милостивъ, не предалъ еси мя погибну-
ти со беззаконьми моими, моего всячески
ожидая обращенія. Ты бо реклъ еси,
Человѣколюбче, пророкомъ Твоимъ: яко
хотѣніемъ не хощу смерти грѣшника,
но еже обратитися и живу быти ему.
Не хощеши бо, Владыко, созданія Тво-
ею руку погубити, ниже благоволиши
о погибели человѣчестѣй, но хощеши
всѣмъ спастися, и въ разумъ истины
пріити. Тѣмже и азъ, аще и недосто-
инъ есмь небесе и земли, и сея при-
временныя жизни, всего себе повинувъ
грѣху, и сластемъ поработивъ, и Твой
осквернивъ образъ: но твореніе и со-
зданіе Твое бывъ, не отчаяваю своего
спасенія окаянный, на Твое же безмѣр-
ное благоутробіе дерзая прихожду. При-
ими убо и мене, Человѣколюбче Господи,
якоже блудницу, яко разбойника, яко
мытаря, и яко блуднаго: и возми мое
тяжкое бремя грѣховъ, грѣхъ вземляй
міра, и немощи человѣческія исцѣляяй,
труждающыяся и обремененныя къ Се-

бѣ призываяй и упокоеваяй: не прише-
дый призвати праведныя, но грѣшныя
на покаяніе: и очисти мя отъ всякія
скверны плоти и духа, и научи мя со-
вершати святыню во страсѣ Твоемъ: яко
да чистымъ свидѣніемъ совѣсти моея,
святынь Твоихъ часть пріемля, соеди-
нюся святому Тѣлу Твоему и Крови, и
имѣю Тебе во мнѣ живуща и пребы-
вающа, со Отцемъ, и Святымъ Твоимъ
Духомъ. Ей, Господи Іисусе Христе,
Боже мой! и да не въ судъ ми будетъ
причастіе пречистыхъ и животворящихъ
Таинъ Твоихъ, ниже да немощенъ буду
душею же и тѣломъ, отъ еже недостой-
нѣ тѣмъ причащатися: но даждь ми, да-
же до конечнаго моего издыханія, не-
осужденно воспріимати часть святынь
Твоихъ, въ Духа Святаго общеніе, въ на-
путіе живота вѣчнаго, и во благопрія-
тенъ отвѣтъ на страшнѣмъ судищи Тво-
емъ: яко да и азъ со всѣми избранными
Твоими общникъ буду нетлѣнныхъ Тво-
ихъ благъ, яже уготовалъ еси любя-

щымъ Тя, Господи: въ нихже препрославленъ еси во вѣки. Аминь.

Господи Боже мой, вѣмъ, яко нѣсмь достоинъ, ниже доволенъ, да подъ кровъ внидеши храма души моея, занеже весь пустъ и пался есть, и не имаши во мнѣ мѣста достойна, еже главу подклонити: но якоже съ высоты насъ ради смирилъ еси Себе, смирися и нынѣ смиренію моему: и якоже воспріялъ еси въ вертепѣ и въ яслѣхъ безсловесныхъ возлещи, сице воспріими и въ яслѣхъ безсловесныя моея души, и во оскверненное мое тѣло внити. И якоже не неудостоилъ еси внити, и свечеряти со грѣшники въ дому Симона прокаженнаго, тако изволи внити и въ домъ смиренныя моея души, прокаженныя и грѣшныя: и якоже не отринулъ еси подобную мнѣ блудницу, и грѣшную, пришедшую и прикоснувшуюся Тебѣ, сице умилосердися и о мнѣ грѣшнѣмъ, приходящемъ и прикасающемтися: и якоже не возгнушался еси скверныхъ ея устъ и нечистыхъ, цѣлующихъ Тя, ниже моихъ возгнушайся сквернших оныя устъ и нечистших, ниже мерзкихъ моихъ и нечистыхъ устенъ, и сквернаго и нечистѣйшаго моего языка. Но да будетъ ми угль пресвятаго Твоего Тѣла и честныя Твоея Крове, во освященіе, и просвѣщеніе и здравіе смиреннѣй моей души и тѣлу, во облегченіе тяжестей многихъ моихъ согрѣшеній, въ соблюденіе отъ всякаго діавольскаго дѣйства, во отгнаніе и возбраненіе злаго моего и лукаваго обычая, во умерщвленіе страстей, въ снабдѣніе заповѣдей Твоихъ, въ приложеніе Божественныя Твоея благодати, и Твоего царствія присвоеніе. Не бо яко презираяй прихожду къ Тебѣ, Христе Боже, но яко дерзая на неизреченную Твою благость, и да не на мнозѣ удаляяйся общенія Твоего, отъ мысленнаго волка звѣроуловленъ буду.

Тѣмже молюся Тебѣ: яко единъ сый Святъ, Владыко, освяти мою душу и тѣло, умъ и сердце, чревеса и утробы, и всего мя обнови, и вкорени страхъ Твой во удесѣхъ моихъ, и освященіе Твое неотъемлемо отъ мене сотвори: и буди ми помощникъ и заступникъ, окормляя въ мирѣ животъ мой, сподобляя мя и одесную Тебе предстоянія со святыми Твоими, молитвами и моленьми Пречистыя Твоея Матери, невещественныхъ Твоихъ служителей и пречистыхъ силъ, и всѣхъ святыхъ, отъ вѣка Тебѣ благоугодившихъ. Аминь.

Молитва иная, Сѵмеона Метафраста, 3-я.

Едине чистый и нетлѣнный Господи, за неизреченную милость человѣколюбія, наше все воспріемый смѣшеніе, отъ чистыхъ и дѣвственныхъ кровей паче естества Рождшія Тя, Духа Божественнаго нашествіемъ, и благоволеніемъ Отца присносущнаго, Христе Іисусе, премудросте Божія, и мире, и сило: Твоимъ воспріятіемъ животворящая и спасительная страданія воспріемый, крестъ, гвоздія, копіе, смерть: умертви моя душетлѣнныя страсти тѣлесныя. Погребеніемъ Твоимъ адова плѣнивый царствія, погреби моя благими помыслы лукавая совѣтованія, и лукавствія духи разори. Тридневнымъ Твоимъ и живоноснымъ воскресеніемъ падшаго праотца возставивый, возстави мя грѣхомъ поползшагося, образы мнѣ покаянія предлагая. Преславнымъ Твоимъ вознесеніемъ плотское обоживый воспріятіе, и сіе деснымъ Отца сѣдѣніемъ почтый, сподоби мя причастіемъ святыхъ Твоихъ Таинъ, десную часть спасаемыхъ получити. Снитіемъ Утѣшителя Твоего Духа сосуды честны священныя Твоя ученики содѣлавый, пріятелище и мене покажи Того пришествія. Хотяй паки пріити судити вселеннѣй правдою, благоволи и мнѣ усрѣсти Тя на облацѣхъ, Судію и Создателя моего, со всѣми святыми Твоими: да безконечно сла-

вословлю и воспѣваю Тя, со безначаль-
нымъ Твоимъ Отцемъ, и Пресвятымъ и
благимъ и животворящимъ Твоимъ Ду-
хомъ, нынѣ и присно, и во вѣки вѣковъ.
Аминь.

Божественнаго Дамаскина, 4-я.

Владыко Господи Іисусе Христе, Бо-
же нашъ, едине имѣяй власть человѣ-
комъ оставляти грѣхи, яко благъ и Че-
ловѣколюбецъ презри моя вся въ вѣдѣ-
ніи и не въ вѣдѣніи прегрѣшенія: и
сподоби мя неосужденно причаститися
Божественныхъ, и преславныхъ, и пре-
чистыхъ, и животворящихъ Твоихъ
Таинъ, не въ тяжесть, ни въ муку, ни
въ приложеніе грѣховъ: но во очищеніе,
и освященіе, и обрученіе будущаго жи-
вота и царствія, въ стѣну и помощь,
и въ возраженіе сопротивныхъ, во истре-
бленіе многихъ моихъ согрѣшеній. Ты
бо еси Богъ милости, и щедротъ, и че-
ловѣколюбія, и Тебѣ славу возсылаемъ,
со Отцемъ, и Святымъ Духомъ, нынѣ
и присно, и во вѣки вѣковъ. Аминь.

Великаго Василія, 5-я.

Вѣмъ, Господи, яко недостойнѣ причащаюся пречистаго Твоего Тѣла и честныя Твоея Крове, и повиненъ есмь, и судъ себѣ ямъ и пію, не разсуждая Тѣла и Крове Тебе Христа и Бога моего: но на щедроты Твоя дерзая прихожду къ Тебѣ рекшему: ядый Мою плоть, и піяй Мою кровь, во Мнѣ пребываетъ, и Азъ въ немъ. Умилосердися убо, Господи, и не обличи мя грѣшнаго, но сотвори со мною по милости Твоей: и да будутъ ми святая сія, во исцѣленіе, и очищеніе, и просвѣщеніе, и сохраненіе, и спасеніе, и во освященіе души и тѣла: во отгнаніе всякаго мечтанія, и лукаваго дѣянія, и дѣйства діавольскаго, мысленнѣ во удесѣхъ моихъ дѣйствуемаго, въ дерзновеніе и любовь яже къ Тебѣ: во исправленіе житія и утвержденіе, въ возращеніе добродѣтели и совершенства: во исполненіе заповѣдей, въ Духа Святаго общеніе, въ напутіе живота вѣчнаго, во отвѣтъ благопріятенъ на страшнѣмъ судищи Твоемъ: не въ судъ, или во осужденіе.

Молитва св. Сѵмеона Новаго Богослова, 6-я.

Отъ скверныхъ устенъ, отъ мерзкаго сердца, отъ нечистаго языка, отъ души осквернены, пріими моленіе, Христе мой, и не презри моихъ, ни словесъ, ниже образовъ, ниже безстудія. Даждь ми дерзновенно глаголати, яже хощу, Христе мой, паче же и научи мя, что ми подобаетъ творити и глаголати: согрѣшихъ паче блудницы, яже увѣдѣ гдѣ обитаеши, мѵро купивши, пріиде дерзостнѣ помазати Твои нозѣ, Бога моего, Владыки и Христа моего. Якоже ону не отринулъ еси пришедшую отъ сердца, ниже мене возгнушайся, Слове: Твои же ми подаждь нозѣ, и держати и цѣловати, и струями слезными, яко многоцѣннымъ мѵромъ, сія дерзостно помазати. Омый мя слезами моими, очисти мя ими, Слове. Остави и прегрѣшенія моя, и прощеніе ми подаждь. Вѣси золъ мно-

жество, вѣси и струпы моя, и язвы зри-
ши моя: но и вѣру вѣси, и произволе-
ніе зриши, и воздыханіе слышиши. Не
таится Тебе, Боже мой, Творче мой, Из-
бавителю мой, ниже капля слезная, ни-
же капли часть нѣкая. Несодѣланное
мое видѣстѣ очи Твои, въ книзѣ же Тво-
ей и еще несодѣянная написана Тебѣ
суть. Виждь смиреніе мое, виждь трудъ
мой еликъ, и грѣхи вся остави ми, Бо-
же всяческихъ: да чистымъ сердцемъ,
притрепетною мыслію, и душею сокру-
шенною, нескверныхъ Твоихъ причащу-
ся и пресвятыхъ таинъ, имиже оживля-
ется и обожается всякъ ядый же и пія
чистымъ сердцемъ: Ты бо реклъ еси,
Владыко мой: всякъ ядый Мою плоть, и
и піяй Мою кровь, во Мнѣ убо сей пребы-
ваетъ, въ немже и Азъ есмь. Истинно
слово всяко Владыки и Бога моего: бо-
жественныхъ бо причащаяйся и боготво-
рящихъ благодатей, не убо есмь единъ,
но съ Тобою, Христе мой, свѣтомъ три-
солнечнымъ, просвѣщающимъ міръ. Да

убо не единъ пребуду кромѣ Тебе Жи-
водавца, дыханія моего, живота моего,
радованія моего, спасенія міру. Сего ра-
ди къ Тебѣ приступихъ, якоже зриши,
со слезами, и душею сокрушенною, из-
бавленія моихъ прегрѣшеній прошу прі-
яти ми, и Твоихъ живодательныхъ и не-
порочныхъ таинствъ причаститися не-
осужденно, да пребудеши, якоже реклъ
еси, со мною треокаяннымъ, да не кро-
мѣ обрѣтъ мя Твоея благодати, преле-
стникъ восхититъ мя льстивнѣ, и пре-
льстивъ отведетъ боготворящихъ Твоихъ
словесъ. Сего ради къ Тебѣ припадаю,
и теплѣ вопію Ти: якоже блуднаго прі-
ялъ еси, и блудницу пришедшую: тако
пріими мя блуднаго и сквернаго, Щедре.
Душею сокрушенною, нынѣ бо къ Тебѣ
приходя, вѣмъ, Спасе, яко иный, якоже
азъ, не прегрѣши Тебѣ, ниже содѣя дѣя-
нія, яже азъ содѣяхъ. Но сіе паки вѣмъ,
яко не величество прегрѣшеній, ни грѣ-
ховъ множество превосходитъ Бога мое-
го многое долготерпѣніе, и человѣколю-

біе крайнее: но милостію сострастія теплѣ кающыяся, и чистиши, и свѣтлиши, и свѣта твориши причастники,
общники Божества Твоего содѣловаяй
независтно, и странное и Ангеломъ,
и человѣческимъ мыслемъ, бесѣдуеши
имъ многажды, якоже другомъ Твоимъ
истиннымъ. Сія дерзностна творятъ мя,
сія вперяютъ мя, Христе мой. И дерзая
Твоимъ богатымъ къ намъ благодѣяніемъ, радуяся вкупѣ и трепеща, огневи
причащаюся, трава сый, и странно чудо,
орошаемь неопально, якоже убо купина
древле неопальнѣ горящи. Нынѣ благодарною мыслію, благодарнымъ же сердцемъ, благодарными удесы моими, души и тѣла моего, покланяюся и величаю, и славословлю Тя, Боже мой, яко
благословенна суща, нынѣ же и во вѣки.

Молитва иная Златоустаго, 7-я.

Боже, ослаби, остави, прости ми согрѣшенія моя, елика Ти согрѣшихъ, аще
словомъ, аще дѣломъ, аще помышлені

емъ, волею или неволею, разумомъ или неразуміемъ, вся ми прости яко благъ и Человѣколюбецъ. И молитвами Пречистыя Твоея Матере, умныхъ Твоихъ служителей и святыхъ силъ, и всѣхъ святыхъ, отъ вѣка Тебѣ благоугодившихъ, неосужденно благоволи пріяти ми святое и пречистое Твое Тѣло и честную Кровь, во исцѣленіе души же и тѣла, и во очищеніе лукавыхъ моихъ помышленій. Яко Твое есть царство и сила и слава, со Отцемъ и Святымъ Духомъ, нынѣ и присно, и во вѣки вѣковъ. Аминь.

Тогожде, 8-я.

Нѣсмь доволенъ, Владыко Господи, да внидеши подъ кровъ души моея: но понеже хощеши Ты, яко Человѣколюбецъ жити во мнѣ, дерзая приступаю: повелѣваеши, да отверзу двери, яже Ты единъ создалъ еси, и внидеши со человѣколюбіемъ якоже еси, внидеши и просвѣщаеши помраченный мой помыслъ: вѣрую, яко сіе сотвориши: не

бо блудницу, со слезами пришедшую къ
Тебѣ, отгналъ еси: ниже мытаря от-
верглъ еси покаявшася: ниже разбой-
ника, познавша царство Твое, отгналъ
еси: ниже гонителя покаявшася оста-
вилъ еси, еже бѣ: но отъ покаянія Тебѣ
пришедшыя вся, въ лицѣ Твоихъ дру-
говъ вчинилъ еси, единъ сый благосло-
венный всегда, нынѣ и въ безконечныя
вѣки. Аминь.

Тогожде, 9-я.

Господи Іисусе Христе, Боже мой,
ослаби, остави, очисти, и прости ми
грѣшному, и непотребному, и недостой-
ному рабу Твоему прегрѣшенія, и со-
грѣшенія, и грѣхопаденія моя, елика
Ти отъ юности моея, даже до настояща-
го дне и часа согрѣшихъ: аще въ разу-
мѣ и въ неразуміи, аще въ словесѣхъ
или дѣлѣхъ, или помышленіихъ и мы-
слехъ, и начинаніяхъ, и всѣхъ моихъ
чувствахъ. И молитвами безсѣменно
рождшія Тя, Пречистыя и Приснодѣвы

Марiи, Матере Твоея, единыя непостыдныя надежды и предстательства и спасенiя моего, сподоби мя неосужденно причаститися пречистыхъ, безсмертныхъ, животворящихъ и страшныхъ Твоихъ Таинствъ, во оставленiе грѣховъ и въ жизнь вѣчную: во освященiе, и просвѣщенiе, крѣпость, исцѣленiе, и здравiе души же и тѣла, и въ потребленiе и всесовершенное погубленiе лукавыхъ моихъ помысловъ, и помышленiй, и предпрiятiй, и нощныхъ мечтанiй, темныхъ и лукавыхъ духовъ: яко Твое есть царство, и сила, и слава, и честь, и поклоненiе, со Отцемъ и Святымъ Твоимъ Духомъ, нынѣ и присно, и во вѣки вѣковъ. Аминь.

Молитва иная Iоанна Дамаскина, 10-я.

Предъ дверьми храма Твоего предстою, и лютыхъ помышленiй не отступаю: но Ты, Христе Боже, мытаря оправдивый, и Хананею помиловавый, и разбойнику рая двери отверзый, отверзи ми утробы человѣколюбія Твоего, и пріими мя приходяща и прикасающася Тебѣ, яко блудницу, и кровоточивую: ова убо края ризы Твоея коснувшися, удобь исцѣленіе пріятъ: ова же пречистѣй Твои нозѣ удержавши, разрѣшеніе грѣховъ понесе. Азъ же, окаянный, все Твое Тѣло дерзая воспріяти, да не опаленъ буду: но пріими мя, якоже оныя, и просвѣти моя душевныя чувства, попаляя моя грѣховныя вины, молитвами безсѣменно Рождшія Тя, и небесныхъ силъ; яко благословенъ еси во вѣки вѣковъ. Аминь.

Молитва иная Златоустаго:

Вѣрую, Господи, и исповѣдую, яко Ты еси воистинну Христосъ, Сынъ Бога живаго, пришедый въ міръ грѣшныя спасти, отъ нихже первый есмь азъ. Еще вѣрую, яко сіе есть самое пречистое Тѣло Твое, и сія самая есть честная Кровь Твоя. Молюся убо Тебѣ: помилуй мя, и прости ми прегрѣшенія моя, вольная и невольная, яже словомъ, яже дѣломъ, яже вѣдѣніемъ и невѣдѣніемъ, и сподоби мя неосужденно причаститися пречистыхъ Твоихъ Таинствъ, во оставленіе грѣховъ, и въ жизнь вѣчную. Аминь.

Приходяй же причаститися, глаголи въ себѣ настоящыя стихи Метафраста:

Се приступаю къ Божественному Причащенію.

Содѣтелю, да не опалиши мя пріобщеніемъ:

Огнь бо еси, недостойныя попаляя.

Но убо очисти мя отъ всякія скверны.

Таже паки глаголи:

Вечери Твоея тайныя днесь, Сыне Божій, причастника мя пріими: не бо врагомъ Твоимъ тайну повѣмъ, ни лобзанія Ти дамъ, яко Іуда, но яко разбойникъ, исповѣдаю Тя: помяни мя, Господи, во Царствіи Твоемъ.

Паки стихи сія:

Боготворящую Кровь ужаснися, человѣче, зря:

Огнь бо есть, недостойныя попаляяй.

Божественное Тѣло и обожаетъ мя и питаетъ.

Обожаетъ духъ, умъ же питаетъ странно.

Таже тропари:

Усладилъ мя еси любовію, Христе, и измѣнилъ мя еси Божественнымъ Твоимъ раченіемъ: но попали огнемъ невещественнымъ грѣхи моя, и насытитися еже въ Тебѣ наслажденія сподоби: да ликуя возвеличаю, Блаже, два пришествія Твоя.

Во свѣтлостехъ святыхъ Твоихъ како вниду недостойный? Аще бо дерзну совнити въ чертогъ, одежда мя обличаетъ, яко нѣсть брачна, и связанъ изверженъ буду отъ Ангеловъ. Очисти, Господи, скверну души моея, и спаси мя, яко Человѣколюбецъ.

Таже молитву:

Владыко Человѣколюбче, Господи Іисусе Христе, Боже мой, да не въ судъ ми будутъ святая сія, за еже недостой-

ну ми быти: но во очищеніе и освяще-
ніе души же и тѣла, и во обрученіе
будущія жизни и царствія. Мнѣ же,
еже прилѣплятися Богу, благо есть, по-
лагати во Господѣ упованіе спасенія
моего.

И паки:

Вечери Твоея тайныя днесь, Сыне
Божій, причастника мя пріими: не бо
врагомъ Твоимъ тайну повѣмъ, ни лоб-
занія Ти дамъ, яко Іуда, но яко разбой-
никъ, исповѣдаю Тя: помяни мя, Госпо-
ди, во Царствіи Твоемъ.

Послѣдованіе по св. причащеніи.

Слава Тебѣ, Боже. Слава Тебѣ, Боже. Слава Тебѣ, Боже.

Таже благодарственныя сія молитвы глаголи:

Благодарю Тя, Господи Боже мой, яко не отринулъ мя еси грѣшнаго, но общника мя быти святынь Твоихъ сподобилъ еси. Благодарю Тя, яко мене недостойнаго причаститися пречистыхъ Твоихъ и небесныхъ даровъ сподобилъ еси. Но, Владыко Человѣколюбче, насъ ради умерый же и воскресый, и даровавый намъ страшная сія и животворящая Таинства, во благодѣяніе и освященіе душъ и тѣлесъ нашихъ: даждь быти симъ и мнѣ во исцѣленіе души же и тѣла, во отгнаніе всякаго сопротивнаго, въ просвѣщеніе очію сердца моего, въ миръ душевныхъ моихъ силъ, въ вѣру непостыдну, въ любовь нелицемѣрну, во исполненіе премудрости, въ соблюденіе заповѣдей Твоихъ, въ приложеніе Божественныя Твоея благодати, и Твоего Царствія присвоеніе: да во святыни Твоей тѣми сохраняемъ, Твою благодать поминаю всегда, и не ктому себѣ живу, но Тебѣ нашему Владыцѣ и благодѣтелю: и тако сего житія изшедъ о надеждѣ живота вѣчнаго, въ присносущный достигну покой, идѣже празднующихъ гласъ непрестанный, и безконечная сладость, зрящихъ Твоего лица доброту неизреченную. Ты бо еси истинное желаніе, и неизреченное веселіе любящихъ Тя, Христе Боже нашъ, и Тя поетъ вся тварь во вѣки.

Великаго Василія, 2-я.

Владыко Христе Боже, Царю вѣковъ, и Содѣтелю всѣхъ, благодарю Тя о всѣхъ, яже ми еси подалъ благихъ, и о причащеніи пречистыхъ и животворящихъ Твоихъ Таинствъ. Молю убо Тя, Блаже и Человѣколюбче: сохрани мя подъ кровомъ Твоимъ, и въ сѣни крилу Твоею: и даруй ми чистою совѣстію, даже до послѣдняго моего издыханія, достойно причащатися святынь Твоихъ, во оставленіе грѣховъ, и въ жизнь вѣчную. Ты бо еси хлѣбъ животный, источникъ святыни, Податель благихъ: и Тебѣ славу возсылаемъ, со Отцемъ и Святымъ Духомъ, нынѣ и присно, и во вѣки вѣковъ. Аминь.

Метафраста, по стихомъ, 3-я.

Давый пищу мнѣ плоть Твою волею, огнь сый и опаляяй недостойныя, да не опалиши мене, Содѣтелю мой: паче же пройди во уды моя, во вся составы, во утробу, въ сердце. Попали терніе всѣхъ моихъ прегрѣшеній. Душу очисти, освяти помышленія. Составы утверди съ костьми вкупѣ. Чувствъ просвѣти простую пятерицу. Всего мя спригвозди страху Твоему. Присно покрый, соблюди же, и сохрани мя отъ всякаго дѣла и слова душетлѣннаго. Очисти и омый, и украси мя: удобри, вразуми, и просвѣти мя. Покажи мя Твое селеніе единаго Духа, и не ктому селеніе грѣха. Да яко Твоего дому, входомъ причащенія, яко огня мене бѣжитъ всякъ злодѣй, всяка страсть. Молитвенники Тебѣ приношу вся святыя, чиноначалія же безплотныхъ, Предтечу Твоего, премудрыя Апостолы, къ симъ же Твою нескверную чистую Матерь, ихже мольбы Благоутробне пріими, Христе мой, и сыномъ свѣта содѣлай Твоего служителя. Ты бо еси освященіе и единый нашихъ, Блаже, душъ и свѣтлость: и Тебѣ лѣпоподобно, яко Богу и Владыцѣ, славу вси возсылаемъ на всякъ день.

Молитва иная, 4-я.

Тѣло Твое Святое, Господи Іисусе Христе, Боже нашъ, да будетъ ми въ животъ вѣчный, и Кровь Твоя честная во

оставленіе грѣховъ: буди же ми благо-
дареніе сіе въ радость, здравіе и весе-
ліе: въ страшное же второе пришест-
віе Твое, сподоби мя грѣшнаго стати
одесную славы Твоея, молитвами Пре-
чистыя Твоея Матере, и всѣхъ святыхъ.

Молитва иная, ко Пресвятѣй Богородицѣ, 5-я.

Пресвятая Владычице Богородице,
свѣте помраченныя моея души, надеждо,
покрове, прибѣжище, утѣшеніе, радова-
ніе мое, благодарю Тя, яко сподобила
мя еси недостойнаго, причастника быти
пречистаго Тѣла и честныя Крове Сы-
на Твоего. Но рождшая истинный
Свѣтъ, просвѣти моя умныя очи серд-
ца: Яже источникъ безсмертія рожд-
шая, оживотвори мя умерщвленнаго
грѣхомъ: Яже милостиваго Бога любо-
благоутробная Мати, помилуй мя, и
даждь ми умиленіе, и сокрушеніе въ
сердцѣ моемъ, и смиреніе въ мыслехъ
моихъ, и воззваніе въ плѣненіихъ по-
мышленій моихъ: и сподоби мя, до по-

слѣдняго издыханія, неосужденно прі-
имати пречистыхъ Таинъ освященіе, во
исцѣленіе души же и тѣла. И подаждь
ми слезы покаянія и исповѣданія, во еже
пѣти и славити Тя во вся дни живота
моего, яко благословенна и препросла-
вленна еси во вѣки. Аминь.

Таже: Нынѣ отпущаеши раба Твоего,
Владыко, по глаголу Твоему, съ ми-
ромъ: яко видѣста очи мои спасеніе
Твое, еже еси уготовалъ предъ лицемъ
всѣхъ людей, свѣтъ во откровеніе язы-
ковъ и славу людей Твоихъ, Израиля.

Трисвятое. Пресвятая Троице: Отче
нашъ:

Тропарь святому Іоанну Златоустому, гласъ 8-й.

Устъ твоихъ, якоже свѣтлость огня,
возсіявши благодать, вселенную просвѣ-
ти: не сребролюбія мірови сокровища
сниска, высоту намъ смиренномудрія
показа, но твоими словесы наказуя,
отче Іоанне Златоусте, моли Слова
Христа Бога спастися душамъ нашымъ.

Кондакъ, гласъ 6-й.

Слава: Отъ небесъ пріялъ еси божественную благодать, и твоими устнами вся учиши покланятися въ Троицѣ единому Богу, Іоанне Златоусте всеблаженне, преподобне, достойно хвалимъ тя: еси бо наставникъ, яко божественная являя.

И нынѣ: Предстательство христіанъ непостыдное, ходатайство ко Творцу непреложное, не презри грѣшныхъ моленій гласы, но предвари, яко Благая, на помощь насъ, вѣрно зовущихъ Ти: ускори на молитву, и потщися на умоленіе, предстательствующи присно, Богородице, чтущихъ Тя.

Аще же будетъ святаго Василія литургія, чти святому Василію тропарь, гласъ 1-й:

Во всю землю изыде вѣщаніе твое, яко пріемшую слово твое, имже боголѣпно научилъ еси, естество сущихъ уяснилъ еси, человѣческія обычаи украсилъ еси, царское священіе, отче преподобне, моли Христа Бога, спастися душамъ нашимъ.

Кондакъ, гласъ 4-й.

Слава: Явился еси основаніе непоколебимое церкве, подая всѣмъ некрадомое господство человѣкомъ, запечатлѣя твоими велѣньми, небоявленне Василіе преподобне.

И нынѣ: Предстательство христіанъ:

Аще же будетъ литургія Преждеосвященныхъ, чти святому Григорію тропарь, гласъ 4-й:

Иже отъ Бога свыше божественную благодать воспріемъ, славне Григоріе, и Того силою укрѣпляемь, евангельски шествовати изволилъ еси, отонудуже у Христа возмездіе трудовъ пріялъ еси всеблаженне: Егоже моли, да спасетъ души наша.

Кондакъ, гласъ 3-й.

Слава: Подобоначальникъ показался еси Начальника пастыремъ Христа, иноковъ чреды, отче Григоріе, ко оградѣ небеснѣй наставляя, и оттуду научилъ еси стадо Христово заповѣдемъ Его: нынѣ же съ ними радуешися, и ликуеши въ небесныхъ кровѣхъ.

И нынѣ: Предстательство христіанъ: Господи помилуй, 12, Слава, и нынѣ: Честнѣйшую херувимъ: и отпустъ.

По причащеніи же да хранитъ себе кійждо въ трезвеніи и воздержаніи, и немногоглаголаніи: дабы въ той день честно соблюлъ въ себѣ Христа пріятаго.

Заповѣди Божіи.

Первая и большая заповѣдь:

Возлюбиши Господа Бога твоего всѣмъ сердцемъ твоимъ, и всею душею твоею, и всею мыслію твоею.

Вторая же подобна ей:

Возлюбиши ближняго твоего, яко самъ себе.

Десять заповѣдей Божіихъ:

1. Азъ есмь Господь Богъ твой. Да не будутъ тебѣ бози иніи развѣ Мене.

2. Не сотвори себѣ кумира, и всякаго подобія, елика на небеси горѣ, и елика на земли низу, и елика въ водахъ подъ землею, да не поклонишися имъ, ни послужиши имъ.

3. Не возмеши имене Господа Бога твоего всуе.

4. Помни день субботній, еже святити его: шесть дней дѣлай, и сотвориши (въ нихъ) вся дѣла твоя. Въ день же седьмый — суббота Господу Богу твоему.

5. Чти отца твоего и матерь твою, да благо ти будетъ, и да долголѣтенъ будеши на земли.

6. Не убій.

7. Не прелюбы сотвори.

8. Не укради.

9. Не послушествуй на друга твоего свидѣтельства ложна.

10. Не пожелай жены искренняго твоего, не пожелай дому ближняго твоего, ни села его, ни раба его, ни рабыни его, ни вола его, ни осла его, ни всякаго скота его, ни всего елика суть ближняго твоего.

Три добродѣтели:

Вѣра, надежда, любовь.

Седмь святыхъ таинствъ:

1. Крещеніе.

2. Мѵропомазаніе.
3. Причащеніе.
4. Покаяніе.
5. Священство.
6. Бракъ.
7. Елеосвященіе.

Седмь грѣховъ смертныхъ:

1. Гордость.
2. Сребролюбіе.
3. Блудъ.
4. Гнѣвъ.
5. Чревоугодіе.
6. Зависть.
7. Уныніе.

Четыре послѣдняя и достопамятная:

1. Смерть.
2. Судъ Божій.
3. Царство небесное.
4. Геенна.

КАКЪ ДОЛЖНО МОЛИТЬСЯ ВЪ ЦЕРКВИ.

Православные христіане приняли отъ Св. Отецъ и исполняютъ во всемъ мірѣ слѣдующіе обычаи:

1. Войдя во святый храмъ и осѣняя себя крестнымъ знаменіемъ, творятъ три малыхъ поклона, произнося:

«Создавый мя, Господи, помилуй».

«Боже, милостивъ буди мнѣ грѣшному».

«Безъ числа согрѣшихъ, Господи, прости мя».

2. Затѣмъ, поклонившись направо и налѣво, стоятъ на мѣстѣ и слушаютъ псалмы и молитвы, читаемыя въ церкви, но не говорятъ про себя иныхъ, собственныхъ молитвъ, и не читаютъ ихъ по книжкамъ отдѣльно отъ церковнаго пѣнія, ибо такихъ осуждаетъ св. Апостолъ Павелъ, какъ удаляющихся отъ церковнаго собранія (Евр. 10, 25).

3. Поклоны малые и великіе должно творить не по своему произволенію, а по установленію Св. Апостолъ и Св. Отецъ; именно: при чтеніи Трисвятаго («Святый Боже»), «Пріидите, поклонимся» и троекратнаго «аллилуіа» 3-жды осѣнить себя крестнымъ знаменіемъ, совершая малые поклоны; также и при чтеніи: «Сподоби, Господи», а равно и въ началѣ великаго славословія («Слава въ вышнихъ Богу»), и послѣ словъ священника: «Слава Тебѣ, Христе Боже, упованіе наше». Послѣ каждаго возгласа священника, а также при чтеніи чтецомъ «Честнѣйшую Херувимъ» осѣнять себя крестнымъ знаменіемъ и творить малый поклонъ.

Во дни будничные творить земные поклоны на **литургіи**:

а) при началѣ пѣнія: «Достойно, и праведно»;

б) когда оканчивается молитва «Тебе поемъ»;

в) въ конецъ молитвы «Достойно есть» или Задостойника;

г) въ началѣ молитвы «Отче нашъ»;

д) при изнесеніи Св. Даровъ для причастія;

е) и при словахъ: «Всегда, нынѣ и присно».

На **утрени** или **всенощной**, когда возглашается: «Богородицу и Матерь Свѣта въ пѣснехъ возвеличимъ».

Во дни воскресные, а также отъ дня св. Пасхи до вечера дня св. Троицы, а равно отъ дня Рождества Христова по день Крещенія, также въ день Преображенія и Воздвиженія *), Свв. Апостолы воспретили вовсе преклонять колѣна и творить земные поклоны, какъ о томъ свидѣтельствуетъ св. Василій Великій въ посланіи къ блаженному Амфилохію. Тоже самое утвердили и Вселенскіе соборы I и VI; ибо воскресные и прочіе Господскіе праздники содержатъ воспоминаніе о нашемъ примиреніи съ Богомъ, по слову Апостола: «Уже нѣси рабъ, но сынъ» (Гал. 4, 7); сынамъ же не подобаетъ рабское поклоненіе творити.

*) Въ этотъ день положено творить только три земныхъ поклона передъ крестомъ.

— 384 —

5. Православнымъ христіанамъ не свойственно стоять на колѣняхъ, поднявши голову, но при словахъ священника: «Паки и паки, преклонше колѣна» и проч. повергаться ницъ на землю; обычай-же становиться на колѣна по собственному произволенію, складывать руки и бить себя въ грудь воспринятъ отъ западныхъ еретиковъ, а въ Православной Церкви онъ не допускается.

Православные христіане, согласно уставу церковному, въ положенное время творятъ земные поклоны, повергаясь ницъ и снова становясь на ноги.

6. Когда въ церкви осѣняютъ народъ крестомъ или Евангеліемъ, образомъ или чашей, то всѣ крестятся, преклоняя главу; а когда осѣняютъ свѣчами, или благословляютъ рукой, или кадятъ къ предстоящимъ, то православнымъ христіанамъ не должно креститься, а только наклонять голову; лишь во св. седмицу Пасхи, когда кадитъ священникъ съ крестомъ въ рукѣ, то всѣ крестятся и говорятъ: «Воистину воскресе».

Такъ должно различать поклоненіе

предъ святыней и предъ людьми, хотя и въ священномъ санѣ.

7. Принимая благословеніе священника или епископа, христіане цѣлуютъ его десницу, но не крестятся передъ этимъ. Не должно цѣловать у духовныхъ лицъ лѣвую руку, ибо сіе свойственно только іудеямъ, но правую, черезъ которую преподается благословеніе.

8. Крестное-же знаменіе, по ученію Св. Отецъ, должно совершать такъ: сложивъ троеперстно правую руку, возлагать ее на лобъ, на чрево, на правое плечо и на лѣвое и потомъ уже, положивъ на себя кресть, наклоняться; о тѣхъ же, которые знаменуютъ себя всей пятерней, или кланяются, не окончивъ еще креста, или махаютъ рукой по воздуху или по груди своей, сказано въ Златоустѣ: «тому неистовому маханію бѣси радуются». Напротивъ, крестное знаменіе, совершаемое истово съ вѣрою и благоговѣніемъ, устрашаетъ бѣсовъ, утишаетъ грѣховныя страсти и привлекаетъ Божественную благодать.

ПРАВИЛА О ПОКЛОНАХЪ И КРЕСТНОМЪ ЗНАМЕНІИ.

Креститься безъ поклоновъ:

1. Въ серединѣ шестопсалмія на «аллилуіа» три раза.

2. Въ началѣ «Вѣрую».

3. На отпустѣ: «Христосъ истинный Богъ нашъ».

4. Въ началѣ чтенія Св. Писанія: Евангелія, апостоловъ и паремій.

Креститься съ пояснымъ поклономъ:

1. При входѣ въ храмъ и при выходѣ изъ него — три раза.

2. При каждомъ прошеніи ектеній.

3. При возгласѣ священнослужителя, воздающаго славу Св. Троицѣ.

4. При возгласахъ: «Пріимите, ядите», «Пійте отъ нея вси» и «Твоя отъ Твоихъ», «Святая Святымъ».

5. При словахъ: «Честнѣйшую:»

6. При каждомъ словѣ: «Поклонимся», «поклоненіе», «припадемъ».

7. Во время словъ: «аллилуіа», «Святый Боже», и «Пріидите, поклонимся», и по возгласѣ «Слава Тебѣ, Христе Боже», передъ отпустомъ — по три раза.

8. На канонѣ на 1-й и 9-й пѣсни при первомъ взываніи къ Господу, Божіей Матери или Святымъ.

9. Послѣ каждой стихиры (причемъ крестится тотъ клиросъ, который оканчиваетъ пѣть).

10. На литіи послѣ каждаго изъ первыхъ трехъ прошеній ектеніи по 3 поклона, послѣ двухъ остальныхъ — по одному.

Креститься съ земнымъ поклономъ:

1. Въ постъ при входѣ въ храмъ и при выходѣ изъ него 3 раза.

2. Въ постъ послѣ каждаго припѣва къ пѣснѣ Богородицы «Тя величаемъ».

3. Въ началѣ пѣнія: «Достойно и праведно».

4. Послѣ «Тебе поемъ».

5. Послѣ «Достойно» или Задостойника.

6. При возгласѣ: «И сподоби насъ, Владыко».

7. При выносѣ Святыхъ Даровъ, при словахъ: «Со страхомъ Божіимъ» и второй разъ — при словахъ: «Всегда, нынѣ и присно».

8. Въ Великій Постъ, на великомъ повечеріи, при пѣніи «Пресвятая Владычице», на каждомъ стихѣ; при пѣніи «Богородице Дѣво, радуйся» и проч. на великопостной вечерни три поклона.

9. Въ постъ, при молитвѣ «Господи и Владыко живота моего».

10. Въ постъ, при заключительномъ пѣніи: «Помяни мя, Господи, егда пріидеши во царствіи Твоемъ». Всего 3 земныхъ поклона.

Поясной поклонъ безъ крестнаго знаменія.

1. При словахъ: «Миръ всѣмъ»,
2. «Благословеніе Господне на васъ»,
3. «Благодать Господа нашего Іисуса Христа»,
4. «И да будутъ милости Великаго Бога» и
5. При словахъ діакона: «И во вѣки вѣковъ» (послѣ «Яко святъ еси, Боже нашъ»).

Креститься не положено:

1. Во время псалмовъ,
2. Вообще во время пѣнія,
3. Во время ектеній тому клиросу, который поетъ ектенійные припѣвы.

Креститься и класть поклоны нужно по **окончаніи** пѣнія, а никакъ не при послѣднихъ словахъ.

Не допускается земныхъ поклоновъ:

Во дни воскресные, въ дни отъ Рождества Христова до Крещенія, отъ Пасхи до Пятидесятницы, во дни Преображенія и Воздвиженія (въ сей день три земныхъ поклона Кресту). Поклоны прекращаются отъ вечерняго входа подъ праздникъ, до «Сподоби, Господи» на вечернѣ въ самый день праздника.

ЧИНЪ КЕЛЕЙНАГО ЧТЕНІЯ КАНОНОВЪ И АКАѲИСТОВЪ.

Передъ началомъ всякаго правила и по окончаніи его кладутся слѣдующіе поклоны (земные или поясные), кои называются **седмипоклонный началъ.**

Боже, милостивъ буди мнѣ грѣшному (поклонъ).

Боже, очисти мя грѣшнаго и помилуй мя (поклонъ).

Создавый мя, Господи, помилуй мя (поклонъ).

Безъ числа согрѣшихъ, Господи, прости мя (поклонъ).

Владычице моя, Пресвятая Богородице, спаси мя грѣшнаго (поклонъ).

Ангеле, хранителю мой святый, отъ всякаго зла сохрани мя (поклонъ).

Святый апостоле (или мучениче, или преподобне отче, имя) моли Бога о мнѣ (поклонъ).

Также: Молитвами святыхъ отецъ нашихъ, Господи Іисусе Христе Боже нашъ, помилуй насъ, аминь. Слава Тебѣ, Боже нашъ, слава Тебѣ. Царю небесный, Святый Боже: (3-жды), Слава, и нынѣ: Пресвятая Троице: Господи, помилуй (3-жды), Слава, и нынѣ: Отче нашъ: Господи, помилуй (12), Слава, и нынѣ: Прiидите поклонимся: (3-жды), псаломъ 50-й, Помилуй мя, Боже: Вѣрую: и чти каноны съ акаѳисты. Посемъ, Достойно есть: (поклонъ), Трисвятое, и по Отче нашъ: тропари: Помилуй насъ, Господи, помилуй насъ: и молитвы на сонъ грядущымъ. Готовящимся же ко св. Причащенію нужно обязательно вечеромъ прочитать три канона: Спасителю, Божіей Матери и Ангелу Хранителю и акаѳистъ Спасителю или Божіей Матери. Желающіе же ежедневно выполняютъ это вечернее правило и получаютъ отъ этого великую духовную пользу.

ПРАВИЛО ПРЕП. СЕРАФИМА САРОВСКАГО ДЛЯ МІРЯНЪ.

Молитву преподобный Серафимъ Саровскій считалъ для жизни столь же необходимой, какъ воздухъ. Онъ просилъ и требовалъ отъ своихъ духовныхъ дѣтей, чтобы они непрестанно молились, и заповѣдывалъ имъ такое молитвенное правило, оставшееся подъ именемъ «Правила отца Серафима».

Пробудившись отъ сна и ставши на избранномъ мѣстѣ, всякій долженъ, читать ту спасительную молитву, которую людямъ передалъ Самъ Господь, т. е. «Отче нашъ» (3-жды), потомъ «Богородице Дѣво, радуйся» (3-жды), и, наконецъ единожды Сѵмволъ вѣры. Совершивъ это утреннее правило, всякій христіанинъ пусть отходитъ на свое дѣло и, занимаясь дома или находясь въ пути, долженъ читать тихо про себя: «Господи Iисусе Христе, Сыне Божій, помилуй мя грѣшнаго». Если же окружаютъ люди, то, занимаясь дѣломъ, говорить только умомъ: «Господи помилуй», и такъ продолжать до самаго обѣда. Передъ обѣдомъ совершить утреннее правило.

После обѣда, исполняя свое дѣло, всякій долженъ читать тихо: «Пресвятая Богородице, спаси мя грѣшнаго», что продолжать до самой ночи.

Когда же случится проводить время въ уединеніи, нужно читать: «Господи Iисусе Христе, Богородицею помилуй мя грѣшнаго», а ложась спать на ночь, всякій христіанинъ долженъ повторять утреннее правило и послѣ онаго и съ крестнымъ знаменіемъ пусть засыпаетъ. При этомъ св. старецъ говорилъ, указывая на опытъ св. отецъ, что если христіанинъ будетъ держаться этого малаго правила, какъ спасительнаго якоря среди волнъ мірской суеты, со смиреніемъ исполняя его, то можетъ достигнуть до высокой мѣры духовной, ибо эти молитвы суть основаніе христіанина: первая — какъ слово Самого Господа и поставленная Имъ въ образецъ всѣхъ молитвъ, вторая принесена съ неба архангеломъ въ привѣтствіе Пресвятой Дѣвѣ, Матери Господа. Послѣдняя же заключаетъ всѣ догматы вѣры.

Имѣющій время пусть читаетъ Евангеліе, Апостолъ, другія молитвы, акаѳисты, каноны. Если же кому невозможно выполнять и этого правила — слугѣ, подневольному человѣку, то мудрый старецъ совѣтовалъ выполнять это правило и лежа, и на ходьбѣ, и при дѣлѣ, помня слова Писанія: «Всякъ, иже призоветъ имя Господне, спасется».

О МОЛИТВѢ ІИСУСОВОЙ.

У апостола Павла въ первомъ посланіи къ Солунянамъ (5, 16) сказано: «непрестанно молитесь». Какъ же это непрестанно молиться? — Часто творить молитву Іисусову: **«Господи, Іисусе Христе, Сыне Божій, помилуй мя»**. Если кто навыкнетъ этому призыванію, тотъ будетъ ощущать великое утѣшеніе и потребность творить всегда эту молитву и она какъ бы сама собою въ немъ будетъ твориться.

Хотя вначалѣ врагъ рода человѣческаго будетъ мѣшать въ этомъ, наводить большую тяготу, лѣнь, скуку, одолѣвающій сонъ, но, преодолѣвши все это, съ помощію Божіей, получишь покой душѣ твоей, духовную радость, расположеніе къ людямъ, умиротвореніе помысловъ, благодареніе Богу.

Въ самомъ имени Іисуса Христа заключается виликая благодатная сила.

Многіе святые и праведные люди совѣтуютъ какъ можно чаще, почти непрерывно, творить молитву Іисусову.

Св. Іоаннъ Златоустъ говоритъ: «Должно всякому, ѣстъ-ли онъ, пьетъ-ли, сидитъ-ли, служитъ-ли, путешествуетъ-ли, или другое что дѣлаетъ, непрестанно вопить: «Господи, Іисусе Христе, Сыне Божій, помилуй мя», да имя Господа Іисуса Христа, сходя въ глубину сердечную, смиритъ змія пагубнаго, душу же спасетъ и оживотворитъ».

Преподобный Серафимъ Саровскій: «Господи Іисусе Христе, Сыне Божій, помилуй мя грѣшнаго»: въ этомъ да будетъ все твое вниманіе и обученіе. Ходя, сидя, дѣлая и въ церкви до богослуженія стоя, входя и выходя, сіе непрестанно держи въ устахъ и въ сердцѣ твоемъ. Съ призываніемъ такимъ образомъ имени Божія ты найдешь покой, достигнешь чистоты духовной и тѣлесной и вселится въ тебѣ Святый Духъ, Источникъ всѣхъ благъ, и управитъ Онъ тебя во святынѣ, во всякомъ благочестіи и чистотѣ».

Епископъ Ѳеофанъ Затворникъ: «Чтобы удобнѣе навыкнуть памятованію о Богѣ, для этого у христіанъ ревностныхъ есть особый пріемъ, именно — непрестанно повторять коротенькую — слова въ два-три — молитовку. Большей частью это есть: «Господи, помилуй! — Господи, Іисусе Христе, помилуй мя грѣшнаго (или грѣшную)». Если вы этого еще не слышали, такъ вотъ слышьте, и если такъ не дѣлали, такъ начинайте дѣлать съ этихъ поръ».

Истинно рѣшившіеся служить Господу Богу должны упражняться въ памяти Божіей и непрестанной молитвѣ ко

Іисусу Христу, говоря умомъ: «Господи, Іисусе Христе, Сыне Божій, помилуй мя грѣшнаго».

Таковымъ упражненіемъ, при охраненіи себя отъ разсѣянія и при соблюденіи мира совѣсти, можно приблизиться къ Богу и соединиться съ Нимъ. Ибо, по словамъ св. Исаака Сирина, безъ непрестанныя молитвы мы приблизиться къ Богу не можемъ» (Преп. Серафимъ Саровскій).

О. Іоаннъ Кронштадтскій также часто совѣтовалъ творить молитву Іисусову.

НАСТАВЛЕНІЯ О ТОМЪ, КАКЪ ДОЛЖНО ИСПОВѢДЫВАТЬСЯ, ЧТОБЫ ПОЛУЧИТЬ ПРОЩЕНІЕ ГРѢХОВЪ.

До исповѣди каждый долженъ постараться привести на память всѣ свои грѣхи, какіе кто сдѣлалъ вольно или невольно, долженъ повнимательнѣе прослѣдить жизнь свою, чтобы, если можно, припомнить всѣ грѣхи, не только сдѣланные послѣ прошлаго дня исповѣди, но и давніе, по забвенію неисповѣдан-

ные. Потомъ, съ умиленіемъ и сокру-
шеніемъ сердца приступи ко Кресту и
Евангелію и начинай исповѣдывать грѣ-
хи свои.

1. **Исповѣдуй грѣхи свои откровенно,
помня, что разсказываешь ихъ не человѣ-
ку, но Самому Богу,** Который уже и такъ
знаетъ твои грѣхи, но только хочетъ **тво-
его признанія** въ нихъ. **И духовнаго тво-
его отца стыдиться нечего:** онъ такой же
человѣкъ, какъ и ты, онъ хорошо знаетъ
и немощи человѣческія, и удобопреклон-
ность человѣка ко грѣху, а потому ду-
ховный твой отецъ на исповѣди не мо-
жетъ быть твоимъ страшнымъ судіею. Но
ты стыдишься духовнаго отца не потому
ли, что **опасаешься потерять его доброе
о тебѣ мнѣніе?** Напротивъ, духовный
отецъ, если тебѣ только пріятно его о
тебѣ доброе мнѣніе, видя твою искрен-
нюю, откровенную исповѣдь, гораздо
большую будетъ питать любовь къ тебѣ.
Притомъ, если ты стыдишься и боишься
открыть свои грѣхи передъ однимъ ду-
ховникомъ, то какъ перенесешь тотъ
стыдъ, когда явишься на страшный судъ

Божій, гдѣ твои грѣхи, если не очистишь-
ся отъ нихъ истиннымъ покаяніемъ, от-
кроются передъ Самимъ Богомъ, анге-
лами и всѣми людьми, знакомыми и не-
знакомыми?

2. **Исповѣдуй всѣ грѣхи свои по-
дробно,** и каждый грѣхъ **отдѣльно. Св.**
Златоустъ говоритъ: «Не только должно
сказать: согрѣшихъ, или грѣшенъ есмь,
но и каждые виды грѣховъ должно изъ-
являть», т. е. каждый грѣхъ должно на-
именовать. «Обнаруженіе грѣховъ», гово-
ритъ св. Василій Великій, «подлежитъ
тому же закону, какъ и объявленіе тѣлес-
ныхъ немощей...» грѣшникъ есть ду-
шевно-больной, а отецъ духовный есть
врачъ, или лѣкарь; слѣдовательно, долж-
но исповѣдывать, или разсказывать свои
грѣхи духовному отцу такъ же, какъ
больной тѣлесно разсказываетъ свои тѣ-
лесныя болѣзни врачу, желая чрезъ не-
го получить исцѣленіе.

3. **Не вмѣшивай въ исповѣдь другихъ
лицъ,** не жалуйся ни на кого, а то какая
же это исповѣдь? Это не исповѣдь, а

осужденіе; значитъ — новый только грѣхъ.

4. **Не старайся на исповѣди оправдывать себя** какимъ-либо образомъ, какъ-то: немощію, обычаемъ и т. д. На исповѣди, кто чѣмъ болѣе себя оправдываетъ, тѣмъ менѣе будетъ Богомъ оправданъ, а чѣмъ кто болѣе себя обличаетъ, осуждаетъ и обвиняетъ, тѣмъ болѣе будетъ Богомъ оправданъ. Поэтому должно не оправдывать себя на исповѣди, а, напротивъ, болѣе обвинять, обличать и осуждать, дабы сподобиться отъ Господа Бога получить прощеніе.

5. Не говори, когда о чемъ спроситъ духовный отецъ: **«Не помню, можетъ быть, и въ этомъ грѣшенъ»:** Богъ велѣлъ намъ всегда помнить свои грѣхи; а чтобы не оправдываться забвеніемъ, **мы должны исповѣдываться какъ можно чаще,** ибо тѣ, кто, по нерадѣнію своему, говѣютъ слишкомъ рѣдко и такимъ образомъ забываютъ свои грѣхи, то въ этомъ сами виноваты, а потому не могутъ надѣяться на отпущеніе грѣховъ, которые ими не исповѣданы. Посему непремѣнно

мы должны постараться вспомнить свои грѣхи. Когда намъ кто бываетъ долженъ, мы твердо помнимъ долгъ, а свои долги Господу Богу забываемъ! Не является ли это съ нашей стороны крайней безпечностью и нерадѣніемъ о душѣ?

6. Безъ вопроса духовнаго отца **самъ не говори о томъ, въ чемъ ты не грѣшенъ,** или чего ты не дѣлалъ. Это значитъ, подобно евангельскому фарисею, только хвалиться, а не исповѣдывать свои грѣхи, и потому только увеличивать свое осужденіе.

7. **Должно исповѣдываться со скорбію и сокрушеніемъ сердечнымъ о грѣхахъ,** коими мы **оскорбили Господа Бога.** Нехорошо, что многіе разсказываютъ свои грѣхи съ явнымъ хладнокровіемъ и безъ всякаго сожалѣнія, какъ будто они ведутъ какой-либо обыкновенный разговоръ; а еще хуже, когда многіе, исповѣдуясь, позволяютъ себѣ даже усмѣхаться. Все это есть признакъ нераскаянности; а исповѣдуясь такимъ образомъ, мы не очищаемся отъ грѣховъ, а еще увеличиваемъ ихъ.

8. Наконецъ, **исповѣдуй грѣхи свои съ вѣрою въ Іисуса Христа, и надеждою на Его милосердіе.** Ибо только вѣруя въ Іисуса Христа и надѣясь на Него, мы можемъ получить прощеніе грѣховъ, а безъ вѣры никакъ не можемъ получить прощенія. Примѣромъ сему — Іуда предатель.

Вотъ какимъ образомъ, братіе мои, необходимо намъ исповѣдываться, чтобы получить отъ Господа Бога прощеніе въ грѣхахъ. «Если исповѣдуемъ грѣхи наши, то Онъ, будучи вѣренъ и праведенъ, проститъ намъ грѣхи наши и очиститъ насъ отъ всякой неправды» (1 Іоан. 1, 9).

ОПРЕДѢЛЕНІЕ ГРѢХОВЪ ПО ДЕСЯТИ ЗАПОВѢДЯМЪ.

I заповѣдь.

Имѣешь ли постоянную память о Богѣ и страхъ Божій въ сердцѣ?

Не колеблется ли вѣра твоя въ Бога маловѣріемъ, сомнѣніями?

Не сомнѣвался ли въ святыхъ догматахъ Вѣры Православной?

Молишь ли Бога укрѣпить твою вѣру? Не отчаявался ли въ Божіемъ милосердіи?

Молишься ли ты каждый день, утромъ, вечеромъ Богу? Усердна ли твоя молитва?

Всегда ли, когда можно посѣщаешь церковныя богослуженія? Не опускаешь ли ихъ безъ важныхъ причинъ?

Любишь ли читать религіозно-нравственныя книги и читаешь ли ихъ? Не читалъ ли изъ грѣшнаго любопытства книгъ безбожныхъ и еретическихъ?

Жертвуешь ли охотно, по призыву Церкви, на благотворительныя цѣли и на св. храмъ?

Не прибѣгалъ ли къ гаданіямъ? Не участвовалъ ли въ спиритическихъ сеансахъ?

Не забываешь ли о главномъ, о приготовленіи къ вѣчности и отвѣту предъ Богомъ, предаваясь суетѣ, лѣни, удовольствіямъ, безпечности?

II заповѣдь.

На первомъ ли мѣстѣ у тебя Богъ? Можетъ быть, не Богъ у тебя на первомъ мѣстѣ, а что-либо иное, напримѣръ: собираніе денегъ, пріобрѣтеніе имущества, удовольствія, развлеченія, пища, напитки, одежда, украшенія, стремленіе обращать на себя вниманіе, играть первую роль, получать похвалы, проводить время въ разсѣяніи, въ чтеніи пустыхъ книгъ и т. д.?

Не отвлекаетъ ли тебя отъ Бога увлеченіе телевизіей, кино, театромъ, картами?

Можетъ быть, изъ-за заботъ о себѣ, о своей семьѣ забываешь Бога и не угождаешь Ему и не исполняешь требованій Матери-Церкви?

Если такъ, то, значитъ, служишь ты своему «кумиру», своему идолу, онъ у тебя на первомъ мѣстѣ, а не Богъ.

Можетъ быть, искусство, спортъ, наука занимаютъ у тебя первое мѣсто? Можетъ быть, какая-либо страсть (сребролюбіе, чревоугодіе, плотская любовь и др.) завладѣла твоимъ сердцемъ?

Не дѣлаешь ли изъ себя самого «кумира» по гордости, по эгоизму? Провѣрь себя.

III заповѣдь.

Не божился ли въ обыкновенныхъ, житейскихъ разговорахъ, не употреблялъ ли легкомысленно, безъ благоговѣнія имя Божіе или, что еще хуже, святыню не обращалъ ли въ шутку? Или, не дай Богъ, въ припадкѣ ожесточенія, злобы, отчаянія не позволилъ ли себѣ дерзко роптать на Бога или даже хулить Бога?

Или давъ какую-либо клятву или присягу, потомъ нарушилъ ее?

Не предавался ли унынію?

Не бываетъ ли разсѣянною, невнимательной твоя молитва Богу?

IV заповѣдь.

Не нарушаешь ли святости воскресныхъ дней и великихъ праздниковъ, установленныхъ св. Церковью?

Не работаешь ли въ эти дни ради выгоды, прибыли?

Вмѣсто праздничныхъ богослуженій не проводилъ ли время на какомъ-либо увеселеніи, на балу, въ театрѣ, кино или на какомъ бы то ни было собраніи, гдѣ нѣтъ рѣчи о Богѣ, гдѣ нѣтъ молитвы, коей надлежитъ встрѣчать праздничный день? Не устраивалъ ли самъ такія увеселенія и собранія, отвлекая такимъ образомъ людей отъ посѣщенія церкви?

Посѣщаешь ли аккуратно церковныя богослуженія? Не приходишь ли въ церковь съ большимъ опозданіемъ, къ срединѣ или концу богослуженія?

Посѣщаешь ли въ воскресенье и праздничные дни больныхъ? Помогаешь ли бѣднымъ, нуждающимся?

Не нарушалъ ли св. постовъ?

Не упивался ли спиртными напитками?

V заповѣдь.

Не было ли случаевъ непочитительнаго отношенія къ родителямъ, невнимательнаго отношенія къ ихъ совѣтамъ, ихъ ласкѣ? Заботился ли о нихъ въ болѣзняхъ ихъ, въ старости?

Если умерли родители твои, часто-ли молишься объ упокоеніи ихъ душъ въ церкви и въ домашней молитвѣ?

Не было ли случаевъ непочтительнаго отношенія къ пастырямъ Церкви?

Не осуждалъ ли ихъ? Не озлоблялся ли на нихъ, когда они напоминали о вѣчности, о приготовленіи къ ней, о спасеніи души, о грѣхахъ? когда они призываютъ къ повиновенію Церкви и ея уставамъ?

Не оскорбилъ ли кого старше себя и особенно благодѣтелей?

VI заповѣдь.

Ты никого не убилъ физически въ прямомъ и буквальномъ смыслѣ, но, можетъ быть, былъ причиною смерти кого-либо косвеннымъ образомъ: могъ помочь бѣдному или больному и не сдѣлалъ этого, алчущаго не накормилъ, жаждущаго не напоилъ, странника не принялъ, накого не одѣлъ, больного и находящагося въ темницѣ не посѣтилъ (Мѳ. **25**, 34-46)?

Не совершилъ ли ты духовнаго убійства, то есть, не совратилъ ли кого съ добраго пути жизни, не увлекъ ли въ ересь или въ расколъ церковный, не соблазнилъ ли на грѣхъ?

Не убилъ ли кого духовно проявленіемъ злобы и ненависти къ нему?

Прощаешь ли обижающихъ тебя? Не таишь ли долго злобу въ сердцѣ и обиду?

Винишь ли во всемъ себя или только другихъ?

Не прибѣгала ли къ недозволеннымъ операціямъ, что тоже есть убійство, грѣхъ и жены, и мужа?

VII заповѣдь.

Не сожительствовалъ ли съ лицомъ другого пола, находясь съ нимъ въ плотскихъ отношеніяхъ, безъ церковнаго брака или довольствуясь только гражданскимъ бракомъ? Не упорствуешь ли въ этомъ, уклоняясь отъ церковнаго брака?

Не позволяешь ли себѣ легкомысленно обращаться съ лицами другого пола?

Не оскверняешься ли, допуская себѣ предаваться нечистымъ и развратнымъ мыслямъ и вожделѣніямъ? Чтенію нечистыхъ книгъ, разсматриванію нечистыхъ картинъ?

Вспомни грѣшныя пѣсни, страстные танцы, шутки, сквернословія, нескромныя зрѣлища, наряды, пьянство и подобные грѣхи.

Помни, христіанинъ, что до тѣхъ поръ, пока ты не исповѣдуешься въ грѣхѣ незаконнаго сожительства или будешь довольствоваться только гражданскимъ бракомъ, безъ церковнаго, пока ты не прекратишь этого грѣха разлученіемъ или вступленіемъ въ церковный бракъ, ты вообще не смѣешь приступать къ причащенію Св. Христовыхъ Таинъ, какъ и не имѣешь никакого голоса въ церковныхъ дѣлахъ.

Наиболѣе гибнетъ людей изъ-за нарушенія 7-ой заповѣди, такъ какъ люди стыдятся исповѣдывать свои грѣхи противъ этой заповѣди, какъ это видно изъ словъ Ангела преподобной Ѳеодорѣ, при прохожденіи ею мытарствъ. Послѣ прохожденія преподобною Ѳеодорою 16, 17, 18 мытарствъ, ангелъ сказалъ Ѳеодорѣ: «Ты видѣла страшныя, отвратительныя блудныя мытарства, знай, что рѣдкая душа минуетъ ихъ свободно, весь міръ погруженъ во злѣ соблазновъ и сквернъ, всѣ человѣки сластолюбивы. Большая часть, дошедши сюда, гибнетъ: лютые истязатели блудныхъ грѣховъ похищаютъ души блудниковъ и низводятъ ихъ въ адъ».

Будь же мужественъ, христіанинъ, и покайся, пока живъ, пока еще не поздно.

VIII заповѣдь.

Не присваивалъ ли себѣ чужой собственности прямымъ или косвеннымъ образомъ? Обманомъ, разными хитростями, комбинаціями? Можетъ, не исполнялъ, какъ должно того, что обязанъ былъ исполнять за полученное тобою вознагражденіе?

Не пристращался ли чрезмѣрно къ земнымъ благамъ, не желая дѣлиться ими съ другими, нуждающимися въ нихъ?

Не овладѣваетъ ли твоею душою скупость?

Не принималъ ли краденаго? По совѣсти ли распоряжался чужимъ добромъ, если оно тебѣ было довѣрено?

IX заповѣдь.

Не клеветалъ ли на ближняго твоего? Не осуждалъ ли часто другихъ, злословилъ, поносилъ ихъ, за дѣйствительныя ли ихъ грѣхи и пороки или только за кажущіеся?

Не любишь ли слушать о комъ-либо дурную молву, а потомъ охотно разносишь ее, увлекаясь всякими сплетнями, пересудами, празднословіемъ?

Не прибѣгаешь ли иногда ко лжи, неправдѣ? Стараешься ли быть всегда правдивымъ?

X заповѣдь.

Не завидуешь ли другимъ? Если ты завидуешь тому, что есть хорошаго или цѣннаго у другихъ людей, то это чувство можетъ довести тебя до какого-либо тяжкаго преступленія самымъ дѣломъ. Помни, что злобная зависть книжниковъ и фарисеевъ возвела на крестъ Самого Сына Божія, пришедшаго на землю спасти людей.

Зависть всегда приводитъ къ злобѣ и ненависти и способна бываетъ довести до самыхъ безумныхъ поступковъ, вплоть до убійства.

Надъ всѣми этими грѣхами стоитъ гордость — начальница и родительница всѣхъ грѣховныхъ страстей. Гордость въ томъ или иномъ видѣ присуща всѣмъ намъ, въ большей или меньшей степени.

Гордость, тщеславіе болѣе всего и мѣшаютъ намъ видѣть свои грѣхи, сознать ихъ и исповѣдывать. Современные люди не хотятъ каяться въ грѣхахъ своихъ именно потому, что они гордо и надменно считаютъ себя всегда и во всемъ правыми или, по крайней мѣрѣ, желаютъ, чтобы другіе ихъ считали таковыми.

Прочти, христіанинъ, нѣсколько разъ напоминаніе это, далеко еще неполное, грѣховъ; провѣрь себя, помолись Господу Богу, чтобы открылъ грѣхи твоей души и чистосердечно ихъ исповѣдуй.

Не говори: я ничѣмъ особеннымъ не грѣшенъ, какъ всѣ грѣшенъ, большихъ грѣховъ не имѣю; а начинай по десяти заповѣдямъ припоминать свои грѣхи и многое припомнишь, а въ слѣдующій разъ и еще больше.

И такъ очищая часто свою совѣсть на исповѣди, совершивши обязательно и предсмертную исповѣдь, спасешься, съ помощью Божіей.

Во время тяжелой болѣзни, въ твоей предсмертной исповѣди должно исповѣдывать всѣ грѣхи отъ юности и до послѣднихъ дней. Надлежитъ исповѣдывать въ предсмертной исповѣди всѣ грѣхи, также и тѣ, которые уже были исповѣданы раньше.

ОГЛАВЛЕНІЕ.